융합과 통합교육으로 배우는 **영재 사고력 수학**

초판 1쇄 인쇄   2015년 1월 2일
초판 1쇄 발행   2015년 1월 9일

글쓴이   박종훈

편 집   박윤경
디자인   이시은(www.designbaron.co.kr)
인쇄·제본   갑우문화사

펴낸곳   다빈치books
등록일   2011년 10월 6일
주 소   인천시 남동구 용천로 70 4층 2호
전 화   010-4151-9060
팩 스   032-425-2514
이메일   ketosisi@naver.com

ⓒ다빈치books 2014
ISBN   978-89-969117-7-7 13370
가 격   13,800

융합과 통합교육으로 배우는

영재 사고력 수학

박종훈 지음

다빈치books

더 이상 수학 때문에 아프지 말자!

학생들을 가르치다 보면 본래 수학적 머리가 타고난 것 같은 아이도 있고, 처음에는 재능이 부족해 보였으나 어느 순간 흥미를 보이며 기대 이상으로 성장하는 아이도 있다. 또 자신의 꾸준한 노력과 의지로 최상위 성적을 유지하는 경우도 보게 된다.

하지만 우리나라에는 노력하기보다 수학을 포기하는 경우가 더 많다. 초등학교 4~5학년, 중학교 2학년, 고등학교 1학년이 수학을 포기하기 시작하는 주요 고비인데, 이러한 고비에 놓인 학생들이 수학에 대한 흥미와 노력을 꾸준히 유지할 수 있는 방법이 없을지 고민했다. 특히 어린 아이들이 예방 접종을 하듯이 수학이라는 과목에 대해 조기 면역력을 기를 수 있는 방법이 없을지 끊임없이 생각했다.

필자는 그간의 지도 경험을 토대로 수학을 포기하지 않고 흥미를 가질 수 있게 만드는 방법을 이야기하려 한다. 우리나라에서는 유독 수학 공부 때문에 아픈 학생들이 많다. 여러 과목 중에서도 제일 치료하기 어려운 것이 바로 수학이다. 그 힘들고 지겹게만 보이는 수학 때문에 스트레스를 받는 학생들에게 작은 도움이라도 주고 싶다.

주변을 돌아보면 수학을 잘하는 학생들의 이야기, 수학을 잘하는 학생들을 위한 책은 많지만 수학 때문에 아픈 학생들의 이야기를 들려주는 책은 아직 없었다. 필자는 그런 학생들이 이 책을 읽고 수학을 좀 더 친숙하게 생각하고 또 잘할 수 있는 전략을 찾아 나가기를 바란다.

지금 이 순간에도 누군가는 분명 수학 때문에 힘든데 주변의 시선이나 부모님의 기대 때문에 아파도 안 아픈 척 버티고 있을지도 모른다. 혹은 한 번의 대수술로 나아질 것이라 상상할지도 모른다. 혹은 반대로 '에이, 학교 성적은 아직까지 잘 받고 있는데 무슨 걱정이야.'라고 생각하며 큰 착각을 하고 있을지도 모른다(이런 착각은 보통 초등학교 5학년을 기점으로 하여 서서히 엄마에게 실망감을 안겨 준다.).

다행히도 최근에 수학 교과 과정이 바뀌면서 스토리텔링 수학, 실생활 수학, 융합교육 등 수학을 쉽고 재미있게 접근시키기 위한 노력이 많이 이루어지고 있다. 통합교육 과정도 적용될 것이다.

이 책을 통해 수학을 새롭게 시작하는 학생은 효율적인 전략을 확인하고, 수학으로 아픈 학생들은 조금이라도 용기를 내어 다시 한 번 수학에 대한 흥미를 가질 수 있기를 바란다. 수학은 우리의 일상생활에서 꼭 필요한 학문이며 우리가 선택하기도 전에 우리 곁에 항상 함께 따라다니고 있기 때문이다.

수학 때문에 더 이상 아프지 말자! 필자가 실전에서 경험한 다양한 사례를 바탕으로 수학에 더욱 가까이 다가갈 수 있는 방법을 알려 주고자 한다.

박종훈

수학에서 벗어난 수학 공부하기

영재교육원, 이렇게 준비하자

수학은 너무 어렵다?

학교 공부에서 벗어나 사회생활을 하는 어른들에게도 '수학'은 말만 들어도 머리가 아픈 과목이다. 수학이라는 거대한 장벽에서 벗어난 어른도 그러한데 매일 '수학'과 마주해야 하는 아이들은 어떻겠는가? 많은 학생이 수학 시간만 되면 두통을 호소하거나 아예 포기해서 멀어지곤 한다. 정말 수학은 어렵기만 한 과목일까? 이 파트에서는 '수학'에 대한 현실을 직시하고 이에 대한 진지한 고민부터 시작하여 문제의 실마리를 찾아가고자 한다.

01 수학을 잘하기가 왜 어려운가?

▶▶▶ 어릴 때부터 영어 교육에 집중하는 가정이 많다. 하지만 정작 학년이 올라갈수록 가장 큰 고민의 대상이 되고, 무리하게 사교육비를 많이 지출하게 되는 과목은 수학이다. 그만큼 수학을 잘하기가 어렵다는 것이다. 그렇다면 왜 이렇게 수학을 잘하기가 어려울까? 그 이유에는

★수학 학습 방법의 차이 분류표

	수학을 잘하는 학생	수학을 잘 못하는 학생
학습 목표	수학 심화, 진학	교과 내신 관리, 100점
학습 방법	새롭고 난이도 높은 문제에 도전하는 방식으로 문제를 해결함	우선 선행과 학원을 통해서 문제 푸는 방법을 배우고 반복해서 같은 문제를 풀어 봄
고비 극복	시간이 많이 걸리더라도 혼자서 집중하여 스스로 문제를 해결함	어려운 문제는 반복해서 풀어 보고 풀이 과정을 외우려고 노력함
특성	반복을 싫어함	새로운 문제를 싫어함
모르는 문제 해결법	생각해 보다가 전혀 방법이 생각나지 않으면 답안지를 살짝 보고 힌트를 얻거나 몇날 며칠을 두고 혼자 고민함	과외 선생님이나 수학을 잘하는 친구에게 즉각적으로 물어보고 반복해서 문제 풀이 방법을 익힘
수학에 대한 친밀감	수학을 좋아하고 즐김. 또는 어렵지 않고 할 만한 과목이라고 느낌	수학 교과 성적은 우수하나, 수학을 좋아하지는 않음
수학 고민	간혹 한두 문제를 잘못 이해하거나 실수로 틀림. 시험 난이도와 상관없이 점수가 비슷함	풀어 보지 못한 문제가 나오면 당황하고 특히 난이도가 높고 배점이 큰 문제를 틀리는 경우가 종종 발생함
진학 목표	당연히 이공계	어쩔 수 없이 문과

개인별 수준이나 여러 가지 환경적 요소들이 있겠지만, 수학을 잘하는 학생과 수학을 잘 못하는 학생의 특성을 단적으로 비교해 보면 좀 더 많은 힌트를 얻을 수 있을 것이다.

수학 학습 방법의 차이 분류표에 따르면 수학을 잘 못하는 학생의 경우, 교과 중심으로만 반복 학습하면서 실수를 줄여나가 100점을 맞는 것을 목표로 삼는다. 하지만 과거의 풀이 기억에 의존하여 문제를 풀다 보니 새로운 문제가 나오면 당황하고 점수가 하락하는 상황에 이르게 된다.

이와 반대로 수학을 잘하는 학생의 경우, 반복적인 것보다는 매번 새롭고 난이도 높은 문제에 도전하며 어려운 문제가 나오더라도 몇날 며칠을 두고 스스로 고민하여 해결하려고 한다. 그렇기 때문에 나중에 유형을 달리한 문제가 나와도 쉽게 대응하여 풀 수 있다. 이런 학생들은 꼭 100점을 목표로 하지 않으며 가장 중요한 것은 수학을 좋아하고 새로운 문제에 대해 끊임없이 호기심을 가진다는 것이다.

블룸(Bloom)의 교육 목표 분류학을 중심으로 비교해 보면 수학 교육의 목표에 있어서 수학을 잘하는 학생은 기억에 의존하기보다는 새로운 문제 상황에 적용하고, 종합해서 스스로의 문제 해결을 평가하고 개선하는 데 그 의의를 둔다. 이와 달리 수학을 못하는 학생의 경우 수학 과목을 문제 풀이 방법을 기억하고 이해하는 수준으로 생각하고 실수를 줄이는 데 초점을 맞추어 장기적으

★블룸의 교육 목표 분류학

로는 수학적 사고력을 기르지 못하고, 기억할 수 있는 용량과 기간도 한계에 봉착하여 결국 수학을 포기하게 된다.

시험에서 항상 아는 문제만 나올 수는 없다. 2009년에 개정된 교육 과정에서 수학은 합리적인 문제 해결력을 기르는 학문으로 재정의되어, 단순한 산수 문제가 아닌 일상생활의 문제를 해결할 수 있도록 사고력을 측정하는 평가로 전환되고 있다. 스토리텔링형 수학이나 프로젝트형 수학이 바로 그것이다. 따라서 기억과 이해의 방법이 아니라 문제를 분석하고 알고 있는 개념을 종합적으로 적용·응용해서 합리적으로 문제를 해결했는지 스스로 평가하는 방법으로 수학을 학습해야 한다.

공부 방법을 바꿔야 하는 또 다른 이유는 수학 학습에 대한 인식을 지루하고 괴로운 것에서 즐겁고 좋아하는 것으로 바꾸어야 하는데, 그러려면 성취감을 느낄 수 있어야 하기 때문이다. 아는 문제만 나올 정도로 공부하려면 상당히 많은 문제를 풀어 보아야 하기 때문에 교과 100점을 목표로 공부하는 학생들의 경우 최선을 다해서 실수를 줄이고자 반복 학습에 열중한다. 하지만 이러한 공부 방법으로는 학년이 올라갈수록 점점 더 100점을 맞기 어렵기 때문에 결국 실패와 좌절, 무능감 등을 맞보게 될 것이다. 노력을 하지 않고 점수가 엉망이면 위안이 될 수도 있지만, 최선을 다했는데도 목표치에 도달하지 못하면 혐오자극이 쌓이고 수학에 대한 자신감을 완전히 잃게 되어 학습의 흥미가 떨어지게 된다. 따라서 수학을 즐겁고 흥미로운 과목으로 인식할 수 있도록 만드는 것이 무엇보다 필요하다.

02 수학에 대한 진지한 생각과 고민

1. 수학 실력도 유전이 되나요?

수학에 있어서 '학습 성취도는 유전이 될까?'라는 고민을 하게 된다. 이런 생각을 하게 된 것은 특별한 이유 때문이 아니다. 모든 경우가 그런 것은 아니지만 학부모와 자녀의 수학 학습에 대해 상담을 하다 보면 이상하게도 말귀를 잘 못 알아듣는 학부모들이 있다. 그런 부모들의 자녀들과 함께 수업을 하다 보면 십중팔구는 학생도 말귀를 잘 못 알아듣는 경우가 많다.

왜 이런 일이 생기는 것일까? 문득 얼마 전에 보았던 기사가 생각났다. 몇 년 전 외국의 한 연구 기관에서 언어, 사회과학, 수학, 과학 네 분야를 대상으로 아동의 학습에 영향을 미치는 선천적인 재능에 관한 연구 결과를 발표한 적이 있었다. 일반적인 예상과 달리 선천적인 재능에 영향을 받는 분야는 사회과학-언어-과학-수학 순이었다.

이 연구 결과를 살펴보면 수학은 선천적인 부분보다는 충분히 후천적인 작용이 큰 학문임을 알 수 있다. 필자가 생각하기에도 수학은 선척적인 기질보다는 후천적인 학습에 의해 많이 계발되거나 혹은 감소하는 듯하다.

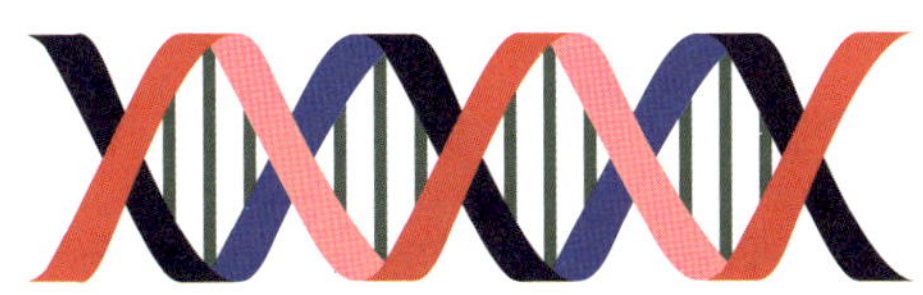

초등학교 6학년인 석현이는 중간고사가 끝난 후 고민이 많아졌다. 생각만큼 수학 점수가 잘 나오지 않았기 때문이다. 학원도 다니며 나름대로 열심히 공부했다고 생각했지만 점수는 항상 제자리걸음이다. 석현이가 집에 도착하자마자 엄마는 수학 점수부터 물어본다.

"너 오늘 수학 시험 봤지? 몇 점 맞았어?"

"……"

대답을 주저하는 아이에게 엄마는 아이를 잡아먹을 듯한 기세로 다시 한 번 목청을 높이며 묻는다.

"몇 점 받았냐고?"

"75점이요."

그때부터 엄마의 잔소리가 쉬지 않고 쏟아져 나온다.

"넌 도대체 누구를 닮아서 수학을 그렇게 못하니! 책 챙겨서 얼른 학원이나 가."

석현이는 엄마가 이 정도로 끝낸 것을 다행이라고 생각하며 힘없이 학원으로 발걸음을 옮긴다. 그 사이 엄마는 생각에 잠긴다.

'거참 이상하네. 옆집 지수는 같은 학원에 다니면서도 100점을 받았다던데. 그 학원 약발 다한 거 아닌가. 아님 잘하는 애들만 신경 써 주는 건가?'

그렇게 석현이 엄마는 학원을 바꿔볼까 하는 고민을 하기 시작한다.

위 사례(사례 1)는 우리 주변에서 흔히 볼 수 있는 모습이다. 대부분의 엄마는 아이의 학습 부진을 이해하지 못한 채 자신을 닮지 않았다고만 말한다. 그러나 앞서 연구 결과에서도 살펴보았듯이 수학은 선천적인 것보다는 후천적 작용이 큰 학문이다. 그러므로 엄마나 아빠의 학습 능력을 닮지 않았다고 해서 영영 포기할 필요는 없다. 충분히 후천적 학습과 노력을 통해 향상시켜나갈 수 있기 때문이다.

피아제(스위스의 심리학자, 아동심리에 관한 연구를 많이 한다.)는 유전에 의해결정되는 '성숙'과 환경에 의해서 좌우되는 '경험'이 모두 아이의 지능 발달에 영향을 준다고 주장했고, 자기 자신을 성숙론자도 환경결정론자도 아닌 상호작용론자라고 이야기했다. 결국 수학 실력이 유전이 될 수밖에 없는 것은, 타고난 능력과 환경이 모두 수학 실력을 좌우하기 때문이다. 수학적인 생각, 논리적인 판단 등은 모두 후천적 학습 과정에서 습관처럼 굳

사례 2

석현이네 집 이야기

석현이는 학원에서 돌아온 후 가족과 함께 저녁을 먹으며 뉴스를 시청하고 있다. 엄마에게 혼이 난 석현이는 기분이 썩 좋지는 않지만 엄마에게 슬며시 말을 걸어본다.
"엄마. 내일 비가 올 확률이 60% 정도나 된다고 하네요! 그 정도 확률이면 별로 높지 않으니 그냥 나가도 되겠죠?"
"너 비 맞고 싶어서 그래? 비가 올 확률이 60%잖아. 그냥 갖고 가."
"그러니까 40%는 안 올수도 있잖아요."
"니가 일기예보니. 갖고 가라면 갖고 가. 비 맞기 싫으면."
"아, 왜요? 들고 다니려면 귀찮단 말이에요."
"그냥 시키는 대로 해. 너 숙제는 다했어? 빨리 먹고 들어가서 공부나 해."
자신의 방에 들어가 숙제를 하던 석현이는 '원의 넓이' 단원을 공부하면서 원주율이 3.14인데 왜 3.14를 곱하고 나누는지 잘 이해되지 않았다.
"엄마! 지금 원의 넓이를 구하는데 왜 3.14를 곱하고 나누는지 이해가 잘 안돼요."
"어, 그래. 3.14가 원래 3.14지, 뭔 이유가 있나? 아, 이거…… 좀 어렵긴 하네. 이거 엄마도 배운 지가 하도 오래되서 기억이 잘 안 나는데, 아빠 들어오시면 아빠께 여쭤 봐."
"네……."
석현이는 방에 들어가면서 생각했다
'원의 넓이를 구하는 건 좀 어렵겠구나.'
그날 아빠는 회식을 하고 늦게 들어오신다고 했다. 결국 석현이는 수학책을 덮고 슬며시 만화책을 꺼내 들었다.

위의 상황(사례 2)이 어느 정도는 머릿속으로 그려질 것이다. 이런 경험들이 가정마다 한두 번쯤은 있었을지도 모른다. 도대체 석현이네 저녁식사 시간에서 잘못된 점은 무엇일까? 우선 석현이의 질문에 대한 엄마의 대응 태도가 문제이다. 내일은 비가 올 확률이 60%이니 그냥 일기예보가 시키는 대로 무조건 따라야 하는 건가? 최소한 석현이가 우산을 가져가지 않아도 된다고 생각하는 근거나 생각을 들어 보는 것이 먼저 아닐까? 그런 후에 엄마가 다시 한 번 논리적으로 우산을 왜 가져가야 하는지 말해 주었다면 더 좋았을 것이다.

특히 '그건 원래 그래.'라는 표현이 문제이다. 세상에 원래 그런 것이 어디 있는가? 물론 원래 그런 것이 충분히 있을 수 있지만 일상생활에서 발생하는 상황이나 사건들은 서로 유기적인 인과관계를 맺고 반응한다. '배운 지 오래되서 엄마도 잘 모르겠는데.'라는 답도 옳지 않다. 당연히 십수 년 전에 배운 것을 기억해 내기란 쉽지 않다. 아마 필자라도 전문 분야가 아닌 것을 질문한다면 분명 난처해질 수 있다.

옆집에 살고 있는 지수네 집 상황을 한 번 살펴보자(사례 3). 지수는 석현이와 같은 수학 학원에 다니고 평소 자기 생각을 글이나 발표로 잘 표현하며 수학도 곧잘 하는 편이어서 석현이 엄마가 항상 부러워했다.

아이의 물음에 매번 성실하게 답변을 해 주는 것은 결코 쉬운 일이 아니다. 하지만 곰곰이 생각해 보면 아이가 유치원 무렵이나 혹은 그보다 조금 어렸을 때는 항상 자상하고 궁금증을 금방 풀어 주는 현명한 엄마였다는 것을 잊지 말자.

지수네 집 이야기

"엄마! 내일 비가 올 확률이 60% 정도 된다고 하네요."

"아, 그래. 그럼 우산을 가져가야 하나 말아야 하나. 지수 넌 어떻게 하고 싶니?"

"음. 전 그냥 안 가져갈래요. 좀 귀찮기도 하고……."

"그래. 비가 올 확률이 60%이니까. 뭐, 어쩌면 비가 안 올 수도 있겠지! 그런데 어찌 생각해 보면 비가 안 올 확률보다는 올 확률이 많은 것 아닐까? 엄마 생각에는 그래도 비가 올 확률이 많으니까 가져가면 좋을 것 같은데, 많이 귀찮으면 좀 작은 우산을 가져가서 가방에 넣고 다니면 어떨까?"

"네, 엄마. 그렇게 할게요. 올 확률이 20% 더 높잖아요."

엄마는 만약 지수가 그래도 우산을 가져가지 않겠다고 해도 의견을 존중해 주려고 했다. 인간은 스스로 자신의 수학적 판단에 대해 생각해 보려고 하고, 번거로움을 경험하면 다음에는 그러지 않기 위해서 과정을 수정하며 더 좋은 결론을 얻기 위해 노력한다는 것을 알고 있기 때문이다.

숙제를 하던 지수는 역시나 '원의 넓이' 단원에서 어려운 문제로 고민하다가 엄마에게 물어본다.

"엄마. 원의 넓이를 공부하는데요. 왜 3.14를 곱하고 나누는지 이해가 잘 안돼요."

"그래. 어디 보자. 음, 아! 이거 엄마도 배운 지가 좀 오래되서 그런지 생각이 잘 안 나네. 우선 엄마랑 참고서 보면서 같이 한 번 문제를 풀어 보자. 아니면 인터넷에서 검색을 해 볼까?"

인터넷에는 이미 초등 6학년이 충분히 학습하고도 남을 만한 자료들이 즐비하다. 지수와 엄마는 인터넷 자료와 참고서를 같이 살펴보며 즐거운 저녁 시간을 보냈다.

아이가 성장하고 질문에 난이도가 높아지면서 엄마 스스로도 가끔은 어렵다는 생각을 하게 되고 때로는 답변을 하더라도 논리적인 답변이 되지 않는 경우가 발생한다.

엄마, 아빠가 아이의 질문에 귀찮아하고 질문을 피해 가려는 성향을 보이면, 아이는 어느 순간부터는 질문조차 하지 않는 학생이 될 것이다. 혹시 지금 이렇게 생각하고 있지는 않은가?

'좋은 말이지. 근데 피곤하게 매번 어떻게 이렇게 살아.'

매번 이렇게 하라는 이야기는 결코 아니다. 다만 아이가 편안한 상황 속에서 질문하고 답변할 수 있는 여건과 환경을 만들어 주어야 한다는 이야기이다. 또 부모는 그 질문에 가급적이면 최선을 다해 답변을 해야 한다.

수학은 책에서만 배울 수 있는 것이 아니다. 또 부모님으로부터 수학 실력이 100% 유전되는 것은 아니지만 환경적인 요인을 형성하므로 결국 우리 생활 속에서 수학을 찾으려는 노력을 기울여야 한다. 우리의 일상 곳곳에 수학적 호기심을 불러일으키는 것들이 많다. 아이의 수학 성적에만 관심을 갖지 말고 일상에서 마주하는 수학적 호기심에 관심을 기울일 필요가 있다. 이것이 수학 학습에 큰 원동력이 될 수 있기 때문이다. 아이의 성적에만 관심을 갖기보다는 호기심을 키우고 발전시키는 것이 먼저이다.

데이터 사이언티스트(Data Scientist)

Wikipedia에 따르면, 데이터 사이언스(Data Science)는 데이터 엔지니어링, 과학적 방법론, 수학, 통계학, 고급 컴퓨팅(Advanced Computing), 비주얼 라이제이션(Visualization), 해커(Hackers)적 사고방식, 영역별 전문지식을 종합한 학문이며, 이러한 수행이 가능한 사람을 데이터 사이언티스트로 정의한다.

출처 : 한국정보화진흥원

일기예보도 수학이다

최근 '빅데이터'라는 말을 자주 사용하곤 한다. 과거에는 정보의 양도 적었을 뿐 아니라 그것을 저장하는 공간도 부족해 정보를 효율적으로 재가공하기가 쉽지 않았다. 하지만 정보의 양이 많아지고 IT산업이 발전하면서 '빅데이터'의 가치가 더욱 높아지고 있다. 일기예보는 아주 오래전부터 사용되어 온 '빅데이터'의 한 종류이다.

기상청에서 날씨 관측을 시작한 이후로 날씨에 관련된 모든 정보는 슈퍼컴퓨터에 저장되어 있다. 일기예보는 어찌 보면 확률게임이라고 할 수 있다. 예를 들어 오늘 온도가 20도, 바람은 풍속 3m, 습도는 몇 %였는지와 더불어 그 밖에 수많은 데이터를 과거의 자료에 대입하였더니 오늘과 아주 비슷한 조건의 날이 과거에 10일 정도 있었고 그중에서 비가 4일이 왔다면 오늘 비 올 확률은 약 40%가 되는 것이다. 이 슈퍼컴퓨터는 얼마나 오차 없이 정밀하게 정보를 대입하여 새로운 정보로 재가공하는지가 관건이다. 그렇기 때문에 컴퓨터가 발전할수록 일기예보의 정확도도 높아진다.

수학도 어쩌면 '빅데이터'와 비슷한 성격을 갖고 있다. 정보로서의 가치를 갖기 전 정보들은 그저 의미 없는 자료에 불과하다. 이 개별적인 요소들을 누군가 의미가 있는 정보로 다시 재가공하여 의미를 부여하고 삶의 패턴이나 경향성을 창출하며, 새로운 지식으로 탄생시키고 경제적 가치나 생산성을 극대화 하는 것이 '빅데이터'의 가장 큰 의미이다.

자료를 정보로 전환하고 재가공한다는 관점에서 바라보면 수학은 '빅데이터'와 유사한 의미를 갖는다. 수학 문제에는 다양한 자료가 들어 있으며 그 자료들을 얼마나 효과적인 정보로 전환하고, 그 정보들을 의미 있는 답안으로 재가공하여 새로운 지식으로 키워 나갈 수 있느냐가 관건이다.

실제 최근 주목받고 있는 데이터 사이언티스트(Data Scientist)들은 과학, 수학, 컴퓨터 공학, 통계학 등 다양한 학문을 융합적으로 생각할 수 있는 능력과 창의적인 방법으로 문제를 바라보는 시각, 호기심, 직관력 등이 필수 역량으로 여겨진다.

2. 수학은 선행을 꼭 해야 하나요?

　수학을 잘하는 아이의 엄마들과 수학에 대한 두려움이 있는 아이의 엄마들 간에는 수학 선행에 대한 목적성이 엇갈린다. 수학을 잘하는 아이의 엄마는 진학에 대한 뚜렷한 목표를 가지고 당장 100점을 맞기 위한 전략보다는 멀리 보고 경시나 고등학교 내신까지 염두에 두고 계획을 짠다. 선행을 쭉쭉 쉽게 뽑을 수 있는 수업과 함께 심화로 다지면서 올라가는 수업을 동시에 진행하는 것도 특징이다.

　이에 반해 수학을 못하는 아이의 엄마는 일단 미리 진도를 나가서 상급 학년이 되어도 당황하지 않게 만드는 것을 목표로 한다. 또 학교 성적을 향상시키는 데 목적을 두고 있기에 100점이라는 성과를 내면 안도한다. 당장 눈앞에 보이는 결과만을 생각하기에도 급급한 상황이다. 그렇다면 수학 선행을 해야 하는가 말아야 하는가에 대한 질문에 우선 수학을 잘하는 경우 수학 선행을 하는 것이 좋다고 말하고 싶다. 왜냐하면 학교 공부에만 열중하다 보면 중위권 수준의 수학 사고력을 갖게 되어 특목고에 가서 어려움에 처하게 된다. 좀 더 난이도 있는 수학 공부를 통해 사고력을 계발해야 한다.

　그런데 수학에 어려움을 겪는 학생의 경우 미리 진도를 빼는 것은 수학 사고력에 있어서 역효과를 초래할 수 있다. 수학은 위계가 분명한 학문이다. 이전 지식을 제대로 습득하지 못하고 응용도 못하는 상황에서 더 어려운 내용을 습득하는 것은 불가능하다. 따라서 이전 학년의 심화 문제를 방학 동안에 한 번 더 풀어 보면서 다음 학년을 슬슬 준비해 나가는 복습 형태의 수학 학습 방법을 권하고 싶다.

수학을 잘하는 학생의 엄마	수학을 못하는 학생의 엄마
▸ 더 잘해서 영재고나 과학고를 보내야지. ▸ 고등학교에 가서 수학으로 내신 변별되기 전에 잡아 놓아야지. ▸ 내신을 잘 받는 것은 가능하니 학교 공부는 시험 전에 살짝 하면 되겠지. ▸ 내신 성적이야 90점 이상만 받으면 되겠지.	▸ 미리 진도를 쭉쭉 빼 놓아야 마음이 놓여. ▸ 자기 학년 심화보다 윗 학년 선행이 더 수학 학습에 도움이 될 거야. ▸ 학교에서 100점을 맞아야만 제대로 아는 거야.

위의 표에서도 볼 수 있듯이 수학을 잘하는 학생과 그렇지 못한 학생을 둔 엄마의 생각에는 큰 차이가 있다. 엄마가 눈앞의 성과에만 급급하면 자녀는 학년이 높아질수록 버겁다. 그에 반해 좀 더 먼 미래를 내다보며 학습할 수 있도록 도와주는 엄마는 아이가 현재의 성적에 연연하지 않도록 이끌어 준다.

우리나라의 엄마들은 대개 수학 선행이 꼭 필요하다고 본다. 하지만 흥미나 관심이 없는 선행학습은 학생에게는 고문이나 다름없다. 아이의 학습 진도나 실력에 맞는 선행학습을 하는 것이 올바르다.

여러 논문들을 살펴보면 수학 부진아가 발생되는 이유 중 하나를 유아기나 초등 저학년 시기에 수학적으로 유의미한 경험을 많이 못했기 때문이라고 말한다.

수학의 후천적 요소는 부모들의 적극적인 개입이 필요하다. 아직 어린 유치원생이나 초등학교 저학년이라면 수학을 수학으로 접근하기보다는 놀이, 경험이나 체험의 형태로 접하게 해 준다면 자연스럽게 자신만의 수학 학습법을 익힐 수 있을 것이다.

최근 수학 학습의 트렌드를 살펴보면 학교 교과서는 물론이고 사설 학원에서도 실생활 위주의 학습을 강조하고 있다. 실생활 위주의 수학은 특

지수네 집 이야기

원형 탁자의 넓이는 어떻게 측정할까?

지수네 가족은 오랜만에 함께 외식을 하러 식당에 갔다. 직원의 안내에 따라 자리를 잡고 앉아 주문을 하던 차에 엄마의 머릿속에 한 가지 생각이 떠올랐다. 안내 받은 자리가 원형 테이블이었기 때문이다. 엄마의 생각은 곧 발문으로 이어진다.

"지수야 혹시 이 원형 테이블의 넓이가 얼마나 될까?"

잠시 생각을 하던 지수가 대답했다.

"엄마! 그런데 이 테이블에 정확한 지름을 잘 모르잖아요."

"그렇지, 그럼 정확하지는 않더라도 어림짐작할 수 있는 방법이 없을까?"

잠시 고민하던 지수는 무언가 생각났는지 말했다.

"뼘으로 재보면 어떨까요? 제 한 뼘의 크기가 15cm 정도 되니까요. 어느 정도는 측정이 가능할 것 같아요. 그리고 볼펜의 길이를 이용해 봐도 될 것 같아요."

"그래, 그렇게 하면 되겠구나. 그러면 조금 더 정확하게 측정할 수 있는 방법이 없을까?"

"이럴 때 줄자가 있으면 참 좋을 텐데……. 엄마! 생각났어요. 스마트폰 어플 중에 줄자 기능이 있는 것이 있어요. 그걸 다운 받아서 사용해 봐요. 그리고 이렇게 먼저 컵 받침대의 지름을 구한 뒤에 이 컵 받침대에 시작점을 체크하고, 테이블 위에 놓고 굴려 보면 테이블의 정확한 지름을 알 수 있어요."

"아! 그래? 그런 방법이 있었구나. 우리 지수 아주 똑똑한데?"

TIP

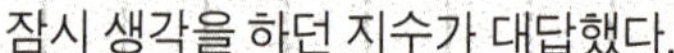

만약 사각형 모양의 테이블이 있다면 어떤 방법이 좋을까?

우선 작은 모양의 사각형을 주변에서 찾아보도록 하자. 휴대폰, 지갑, 책을 이용해도 좋다. 넓이가 조금 큰 테이블이라면 책을 이용하여 테이블에 책이 몇 개가 들어갈지 어림하여 측정해도 좋을 것이다. 책의 가로와 세로의 길이를 측정한 후 테이블에 책이 몇 개 정도 들어가는지를 계산한다면 테이블의 넓이를 어림하여 측정할 수 있을 것이다.

별한 것을 생각해 내고 구성하는 것이 아니다. 위의 지수네 가족처럼 식사할 때 혹은 TV를 시청할 때도 언제나 가능한 상황이다(사례 4). 다만, 그러한 적절한 상황을 얼마나 잘 골라내고 또 어떻게 그 상황에 맞게 적절한 발문을 하는가가 중요하다. 이 책에서는 이렇듯 실생활에 적용할 수 있는 수학적 내용들을 예로 들어 살펴보고자 한다.

수학 선행에 앞서 아이가 실생활에서 수학과 좀 더 친해질 수 있는 기회를 아낌없이 주어라. 이를 통해 수학이 어렵지 않고, 우리 일상에서 자주 만나는 것이라는 인식이 심어질 것이다. 이러한 것들이 쌓여가면서 점점 학습으로서의 수학에도 관심을 기울이게 되고, 성적도 향상되는 변화를 겪게 될 것이다. 수학 선행을 통해 당장 눈앞의 성적을 강요하기보다는 관심과 흥미를 유발함으로써 수학에 가까이 다가갈 수 있는 방법을 모색하는 것이 먼저이다.

그런데 현재 배우고 있는 학년의 수학이 너무 쉽게 느껴지거나 더 새로운 수학을 배우고자 하는 욕구가 용솟음친다면 당연히 선행학습이 필요하다. 특목고나 과학고를 준비하고 있고 학생도 수학 선행 개념을 받아들일 수 있는 상태라면 선행을 꼭 해야 한다. 하지만 내 아이에 대한 진단이나 어떤 목적성 없이 그냥 우선 많이 해 놓으면 좋지 않겠느냐는 생각이라면 과감히 선행보다는 심화를 하는 것이 유리하다고 말하고 싶다.

3. 엄마가 아이의 수학을 더 망칠 수 있다

타이거맘의 자녀는 고지식하다

초등학교에서 중학교까지 일정 성적 이상을 받아왔던 상범이가 고등학교에 들어가자 수학 점수가 눈에 띄게 떨어졌다(사례 5). 상범이는 왜 갑자기 수학을 못하게 되었을까? 갑자기 기억상실증에 걸린 것도 아닌데 말이다.

지난 10여 년간 학생들과 함께 지내면서 정말 다양한 경우에 처한 학생들을 만났다. 가장 중요한 시기인 중2 때 수학 공부를 해야 하는 목적, 방향성을 잃어버리고 자포자기 상태에 빠져 버리는 경우가 많았다. 그리고 학교 수업이 끝나기가 무섭게 학원에서 또 학원으로, 지겹게 반복되는 문제 풀이와 잠시도 쉴 수 없는 살인적인 스케줄이 이어진다. 엄마의 기대는 점점 커지고 힘이 들어도 말을 꺼낼 수 없는 상황들이 아이를 점점 지치게 만들었다.

그런데 무엇보다 상범이를 자포자기 상태로 만든 원인을 살펴보면 바로 자율성, 자발성의 상실 상태가 너무 오래 지속되었다는 것이다. 상범이는 흥미나 동기부여 없이 계속 수학 공부를 해야 하는 필요성을 엄마에 의

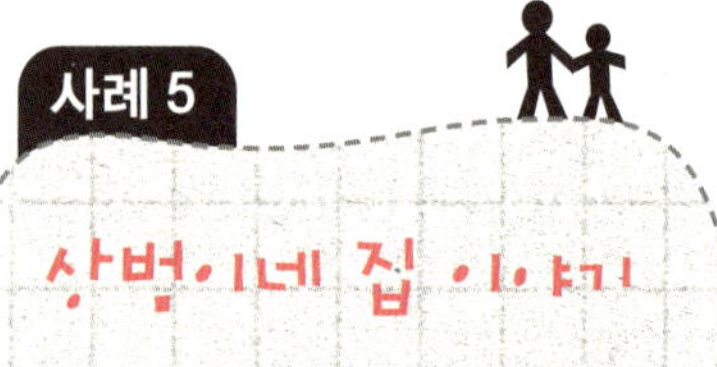

상범이는 어렸을 때부터 제법 똑똑하고 수 개념이 좋다는 이야기기를 많이 들었다. 그래서 상범이의 엄마는 일찌감치 수학으로 유명하다는 학원을 모두 섭렵했고 상범이가 영재성 검사에서 상위 3% 안에 들어간다는 것을 엄청난 자랑거리로 생각했다.

상범이는 기대 이상의 초등학교 시절과 우수한 중학교 시절을 보내고 고등학교에 진학했다. 하지만 엄마는 지금 너무 심각하고 어려운 현실에 부딪히고 말았다. 상범이가 이제는 더 이상 수학을 잘하지 못하기 때문이다.

<table>
<tr><td>유치원</td><td>초등학교</td><td>중학교</td></tr>
<tr><td>▶ 교구 활동 수업,
영재수업</td><td>▶ 저학년 때 : 사고력 수학
▶ 2학년 때 : 본격적인 선행학습
시작
▶ 4학년 때 : 중등 과정 시작
▶ 5학년 : KMO 준비를 위한
고등 과정 선행
▶ 6학년 : 중등 KMO 도전</td><td>▶ KMO 학원 수강, 모의고사
평균 23점
▶ KMO 학원 수강,
KMO 노메달
▶ KMO 노메달, 영재학교
불합격, 과학고 불합격</td></tr>
</table>

해 주입 받아 왔다. 상범이에게 꿈을 묻고 그것을 이루기 위해서는 최상위권의 수학 실력이 꼭 필요하다거나, 혹은 수학의 진도를 본인이 조절하도록 하고, 특히 상범이가 좋아하는 단원부터 집중적으로 해서 자신감을 심어 주는 등의 동기부여 및 목적 의식의 공유가 먼저 이루어져야 했다.

상범이는 어렸을 때부터 분명 총명하고 수 개념이 좋은 친구였다. 하지만 본인이 선택하고 가야 할 목표가 혹시 엄마의 선택과 목표는 아니었을까? 상범이 본인이 가진 꿈과 목표는 과연 무엇일까?

수 개념이 좋은 학생들은 한두 개의 학년 정도는 쉽게 선행학습을 해낼 수 있다. 하지만 그렇다고 너무 지나치게 교과 위주의 문제 풀이식 학습을 무한 반복하면 오히려 힘들어하는 경우가 종종 있다.

내신에 지장이 없고(이 정도의 학생이라면 사실 내신 걱정은 많이 하지 않아도 될 듯하다.) 선행학습도 어느 정도 적당히 되어 있다면 사고력 수학처럼 약간은 고차원적인 문제 풀이를 하는 것이 좋다.

단순한 문제 10개를 푸느니 사고력 문제를 2~3개 푸는 것이 훨씬 사고 능력을 증진시킬 수 있다. 사고력 문제는 유행처럼 지나가는 수학 학습의 한 형태가 아닌 수학 영역의 개념들을 서로 연결시켜 주고 다양한 사고를 할 수 있도록 작업하는 것이라고 생각하면 된다.

혹시나 마음속으로 '그래도 KMO(한국수학올림피아드)를 한 번쯤은 봐야 하지 않을까?' 하고 생각하는 부모님이 있다면 과감하게 그 생각을 접기를 충고한다. 최근 특목고 입시에서 KMO 수상 실적을 인정받고 갈 수 있는 특목고가 얼마나 될까? 이제는 그다지 많지 않다. KMO는 수학이 진심으로 재미있고 본인의 의지가 있으며 수학으로 본인의 미래를 설계하고자 하는 친구들에게 권하고 싶다.

타이거맘의 엄격함과 고지식함이 아이에게 그대로 이어질 수 있다는 사실을 간과해서는 안 된다. 그것이 수학 학습에서의 다양한 사고를 막을 수 있다. 타이거맘의 고지식한 발언과 무조건적인 학습 독려는 아이의 사고를 경직되도록 만든다. 초등 4학년 이후부터는 자발적으로 학습하고 싶어 하는 내적동기에 따르지 않으면 제대로 된 학습이 일어나지 않는다. 따라서 강압적인 교육은 그리 오래 가지 못한다는 것을 명심해야 한다.

학원만 다닌다고 수학 실력이 느는 것은 아니다

요즘에는 부모보다 아이들이 더 바쁘다. 학교 수업이 끝나면 몇 개의 학원을 더 다녀야 해서 집에 도착하면 아이들은 녹초가 되곤 한다. 집에 와서도 편안하게 쉴 수 있는 것은 아니다. 곧바로 엄마의 검사가 들어간다. 왜 이렇게 아이들을 이 학원 저 학원으로 돌리는 것일까? 이는 다른 집의 아이들이 그렇기 때문에 우리 아이도 빠질 수 없다는 일종의 질투심, 경쟁심 때문이다. 다른 집 아이도 하는데 우리 아이만 보내지 않으면 뒤처질 것이라고 생각하는 것이다. 그런데 정말 학원만 다닌다고 수학 실력이 늘까? 절대 그렇지 않다. 이는 순전히 엄마들의 착각이다. 석현이네 집 이야

석현이네 집 이야기

석현이 엄마는 숨기고 싶은 비밀이 있다. 특히, 석현이에게는 더욱 그러고 싶다. 석현이 엄마는 사실 학창 시절부터 수학을 무척이나 못했다. 초등학교 때부터 그다지 흥미가 없었으며 수학 시간에 숫자만 보면 골치가 아팠다. 그래서 결국 중학교 2학년 때쯤에는 수학을 포기하고 말았다. 그리고 고등학교 때까지 수학 시간을 지옥처럼 생각했다. 신학기가 시작되면 수와 연산 영역만 좀 끄적거릴 뿐 응용은 불가능했다.

석현이도 초등 저학년 때는 남들이 모두 권하는 사고력 수학 학원을 다녔다. 어렸을 때 사고력을 길러 줘야 고학년이 되어서도 어려운 문제를 잘 풀어낸다는 것이 주위 엄마들의 의견이었다.

"석현이 엄마! 석현이는 사고력 수학에 안 다녀?"

"요즘은 저학년 때 사고력 수학은 필수야. 그래야 고학년이 되어서도 어려운 문제들을 척척 잘 풀어낸다고."

"석현이도 한번 가 봐. 거기 있잖아. ○○사고력 학원이 괜찮다네. 우리 애도 지금 다니고 있는데, 요즘 제법 재미를 붙인 것 같아."

"아, 그래요. 석현이도 꼭 가 봐야겠네."

며칠 후 석현이는 엄마와 함께 주변 엄마들이 추천하는 사고력 수학 학원에 방문해 레벨 테스트를 하고 상담을 받았다. 상담자는 테스트 결과와 교재를 보여 주며 사고력 문제가 무엇이고 사고력 수학을 하면 무엇이 좋은지에 대해 장황하게 설명했다. 하지만 석현이 엄마의 머릿속에는 이런 생각들이 가득했다.

'도대체 무슨 말인지 하나도 모르겠네. 내가 보기에는 그 문제가 그 문제 같고만. 어떻게 푸는 건지⋯⋯. 그래서 우리 석현이가 어느 레벨로 들어간다는 거야!'

이해하기 어려운 상담자의 설명은 계속 이어졌다. 잠시 후 카드 긁는 소리가 명쾌하게 들려 왔다. 석현이 엄마는 뿌듯하다. 들어가기 어렵다는 ○○사고력 학원에 들어갔기 때문이다. 그것뿐이다. 오직 레벨 테스트에 합격했다는 것 외에는 중요한 것이 하나도 없었다. 석현이 엄마는 정말 중요한 것을 잊고 있었다.

사고력 수학을 하면 석현이에게 어떤 부분이 도움이 되고 무엇을 기대할 수 있는지 생각나지 않는다. 그 학원의 커리큘럼도 당연히 기억나지 않는다. 사실 사고력 문제와 교과 문제가 어떤 차이점이 있는지도 잘 모른다.

그저 빨리 가서 주변 엄마들에게 우리 석현이도 ○○사고력 학원에 합격했다고 말하고 싶을 뿐이다. 그리고 이제 사고력 수학을 하면 석현이도 수학을 아주 잘할 것이라는 막연한 환상에 빠져 있다.

기를 살펴보자(사례 6).

'조금은 억지스러운 설정이 아닌가?'라고 생각할 수도 있다. 하지만 놀랍게도 대부분의 부모가 자녀들의 학원을 선택할 때 이렇게 주변 사람들의 이야기만을 듣고 등록하는 경우가 많다.

그 학원이 우리 아이의 부족한 점을 어떻게 채워 줄 것인지 진지하게 고민하지 않은 채 그저 학원의 브랜드나 소문만을 따라 학원을 결정한다면 얻고자 하는 목적을 달성하지 못한다. 이 학원 저 학원을 떠돌아다니다 보면 오히려 진도에 틈이 생기고 서로의 연계성도 떨어져 아이만 혼란에 빠질 수 있다는 것을 생각해야 한다.

석현이가 학원을 다닌 지 한 달이 지나자 담당 교사로부터 전화가 걸려 왔다.
"안녕하세요. ○○학원입니다."
"아, 네. 안녕하세요. 우리 석현이 잘하고 있나요?"
"네. 석현이 잘하고 있어요. 처음이라서 조금 어려워하는 부분도 있지만 그래도 잘하는 편이에요. 꾸준히 하다 보면 훨씬 좋아질 거예요."
"네. 저는 잘 몰라서요. 선생님께서 알아서 잘 해 주세요. 선생님만 믿어요."
"네. 제가 다음에 또 전화 드리겠습니다. 감사합니다."

위 사례를 보면 또다시 좋지 않은 상황이 벌어졌다(사례 7). 우선 선생님에게도 문제가 있어 보인다. 아이가 잘한다고 하는데 무엇을 어떻게 잘하고 있는지 피드백이 없다. 막연하게 "잘 하고 있어요."라는 식의 상담은 분명 고려해 보아야 할 문제이다. 무엇을 잘한다는 것인지, 우리 아이에게 관심이 없는 것은 아닌지 한 번 의심해 봐야 한다. 학원을 계속 다니게 하기 위해서 선생님들은 일단 학부모를 안심시키는 것에 주력한다. 왜냐하면 문제 상황을 설명하게 되면 많은 학부모가 학원이 아이에게 맞지 않는다고 생각하여 이동을 고민하기 때문이다. 하지만 부족한 점에 대해 주저 없이 피드백해 준다면 그 아이에게 더욱 실질적인 도움이 될 것이다.

이번에는 엄마를 살펴보자.

"네, 저는 잘 몰라서요. 선생님께서 알아서 잘 해 주세요."

"선생님만 믿어요."

당연히 학원에 대한 정보를 잘 모르니 할 말이 별로 없을 것이다. 그렇기 때문에 내 아이에게 요구되는 기대 효과가 무엇인지 말하기 어렵다.

"전 잘 모르니까 알아서 잘 해 주세요."라는 식의 말은 부모로서 책임감이 너무 없어 보인다. 학원 강사가 그 아이에 대해서 정말 엄청난 열정을 갖지 않는 이상에야 어떻게 한두 명도 아닌 아이들을 다 알아서 컨설팅할 수 있겠는가?

잘 모르면 부모 스스로가 직접 찾아보고 알아볼 것을 진심으로 권한다. 자녀의 미래가 걸린 문제인데 그 정도의 수고는 해야 하지 않겠는가. 그렇게 알아보고 학습을 한 후 주변 사람들의 조언을 들어보고 우리 아이에게 적합한 과정이나 난이도를 선별하는 것이 중요하다.

확신이 없는 상태에서 '그 학원이 괜찮다고 하더라.'라는 식의 생각은 잠시 접어 두기 바란다. 그리고 아이에 대한 정확한 정보 제공과 함께 교사와의 꼼꼼한 피드백이 아이를 성장으로 이끌 것이다.

영재학교에 다니는 한 학생을 상담한 적이 있었다. 그 학생은 수학 학원에 있는 시간이 학교에서 보내는 시간보다 많은데 대부분 선생님과 합의 하에 자습을 하거나, 혼자 자유시간을 보냈다고 했다. 영문을 몰라 자세히 물어 보니, 학원에 가 있어야 엄마의 잔소리가 덜하고 엄마가 마음이 놓이기 때문이란다. 비싼 학비를 부담하고 학원에 가는 것은 일종의 '엄마 잔소리 보험'이라는 것이다. 결국 그 학생은 자신이 갑작스레 영재학교에 가야 할 필요성을 느끼고, 그 전까지 학원 형성 평가에서도 최하점수를 받아 자포자기한 상태에서 스스로 수학에 올인하기 시작했다고 했다. 약 6개월이 지난 후 수학에 집중한 결과 성적은 수직상승하였고, 물리, 화학까지 독학하여 영재학교에 합격했다고 했다.

이 이야기를 들으면 엄마들은 "그래도 학원에 가서 뭐라도 주워들은 게 있었던 거지. 갑자기 정신이 들어서 6개월 공부해도 기초가 있었기에 가능한 것이야."라고 정리한다. 하지만 학생들은 거의 엎드려서 잠만 자는 날도 있었다고 한다. 한 아이에 1백만 원 이상의 수강료를 받는 학원의 입장에서는 아이와 엄마를 붙들어 두려는 생각으로 이런 상황들을 묵인하고, 일부 가능성이 있는 학생을 제외하고는 들러리를 서게 되는 악순환이 학원가에서 되풀이되고 있다. 이는 수학에 대한 엄마들의 학습 목표가 왜곡되어 있기 때문이다.

학원만이 답이 아니다. 특히 주변 부모의 말만 듣고 무턱대고 학원에 등록하여 아이를 보내는 것은 그저 돈을 허비하는 것과 같다. 내 아이에게 맞는 학원을 선택하기 위해 엄마는 주변 평판부터 시작해 상담을 통해 다각적으로 살펴보아야 한다.

간혹 맛깔나게 상담을 잘 해 주는 선생님을 만나 안도감을 얻어서 일년 이상을 다니다가 아이가 학원이랑 맞지 않아 그만두는 사례를 보게 되는데, 대부분 상담에 주력하는 학원의 특성이 그렇다. 전적으로 학부모를 소비자로 보는 경우이다. 학원이라는 곳도 교육하는 기관이므로 선생님의 평가를 통해서 내 아이를 진단하고 안도하기보다는 내 아이의 교재와 노트를 확인하면서 정말 잘하고 있는지, 도움을 받고 있는지를 확인해 볼 필요가 있다.

수학 학원 선택 시 고려해야 할 점에 대한 문진표

수학이라는 과목은 강의를 듣는 시간보다 자기의 머리로 문제를 해결하는 시간이 3배 많아야 비로소 자신의 실력이 된다. 아래 문진표를 보고 학원 선택에 있어 좀 더 신중을 기울이기 바란다.

우리 아이의 장·단점 먼저 생각하기	☐ 연산이 부족하다. ☐ 서술형 문제에 약하거나 서술형 문제를 읽기 싫어한다. ☐ 교과는 우수한 편이다. ☐ 잔 실수가 많다. ☐ 새로운 아이디어에 적용을 잘한다. ☐ 아는 내용을 말할 수 있지만 글로 쓰지 못한다.
학년 생각	☐ 저학년 : 교구 활용, 놀이수학, 사고력 등 ☐ 고학년 : 사고력, 내신, 선행, 심화 등
단기 및 장기 성취도	☐ 지금 필요한 수학적 학습 능력의 우선순위 　(교과 심화 → 사고력 수학) ☐ 초등 영재교육원 → 중등 영재교육원 → 　특목고
우리 아이의 성향에 맞는 학원 선별하기	☐ 사고력 중심, 교과 심화 중심, 교구 중심, 　서술형 중심 　→ Only사고력 = 주 1회 　→ 사고력 + 교과 = 주 2회 또는 3회 　→ 재미있는 수학 접근 : 교구 중심
현재 학원에서의 기대 효과와 학년별 학원 선택	☐ 성적 향상, 상위 학교에 대한 목표의식 ☐ 수학적 자신감 회복 ☐ 학원마다 주력하는 포커스 그룹

무분별한 레벨업이 아이를 망친다

불행은 주변과의 비교에서 시작된다고 하지 않는가? 대다수의 부모가 옆집 아이보다는 내 아이가 더 잘해야 한다고 생각한다. 이는 단순히 아이의 학습적인 부분보다 부모의 체면 때문이기도 하다. 그래서 아이의 실제 학습 실력이나 상태를 고려하기보다 옆집 아이와 비교해 더 나은 성적이 나오도록 부추기고 막무가내로 밀어붙이기도 한다. 하지만 과연 무분별한 승급 조정이 아이의 학습에 효과적일까?

어떤 학원은 3개월에 한 번씩 학생들을 승급시키는 규정을 가지고 있다. 실력 향상 여부에 관계없이 일정한 기간이 지나면 승급시키는 시스템에는 장기적인 수강을 유도하려는 상업적인 의도가 숨어 있다. 학원을 다니지 않아도 수학을 잘하는 아이들이 있다. 반면 학원을 오래 다녀도 실력이 빨리 늘지 않는 경우도 많다. 그러므로 수강 기간을 레벨업과 연관 시기는 것은 적절하지 않다. 수학 실력을 말해주는 것은 학원에서의 레벨이 아닌 수학적 사고력임을 잊지 말자.

그런데도 많은 부모가 아이의 실력이나 상태 등을 고려하지 않고 무조건 학원에 보내기에 급급하다. 부모로서 내 아이에게 뭐든지 해 주고 싶은 마음이야 이해되지만 과연 이것이 진정 내 아이를 위한 방법인지 진지하게 고민해 보아야 한다. 나의 과한 사랑(?)으로 인해 오히려 아이가 힘들어하거나, 더 나아가 부모와 자식 사이가 멀어지게 되는 경우도 있다. 가장 중요한 것은 내 아이의 생각을 묻는 것이다. 그것을 왜 해야 하는지에 대해 명확하게 이해시키고 그것을 자발적으로 하게 만드는 것이 중요하다. 그것이 먼저 이루어지지 않으면 아무리 유명한 학원을 다니고, 좋은 선생님께 배워도 아이의 학습에는 큰 도움이 되지 못한다.

석현이네 집 이야기

석현이가 사고력 학원에 다니기 시작한 지도 3개월이 되어가고 있다. 처음에는 조금 힘들어했지만 그럭저럭 적응해 나가는 것 같아 보인다. 같은 반 엄마들 모임에 나갔던 석현이 엄마는 옆집 지수가 반에서 승급되었다는 이야기를 들었다. 집에 돌아오는 길에 석현이 엄마의 마음속에는 왠지 모를 경쟁심과 시기심이 가득 채워졌다. '분명 비슷한 시기에 사고력 수학을 시작한 것 같은데 지수는 벌써 승급했단 말이지.' 엄마는 이내 학원에 전화를 걸어 제법 교양 있는 목소리로 은근하게 학원 측에 압력을 주기 시작한다.

"우리 석현이가 이제 학원 다닌 지 3개월 정도 되어 가잖아요? 혹시 승급은 언제쯤 가능한지 궁금해서요."

담당 교사는 조금은 당황하며 말했다.

"아, 네. 아직 다닌 기간도 그렇고 조금은 현재 단계에서 차근차근 다지고 올라가는 게 좋을 것 같아요. 어머님."

"우리 석현이가 많이 못 따라 가나요?"

"아니, 그런 뜻은 아니고요."

그런 경우에는 교사 입장에서도 뭐라 말하기가 참 난감하다. 분명 승급은 아직 어려운 상황인데 석현이 어머님의 압력은 계속된다.

"제가 보기에는 잘하고 있는 것 같아요. 숙제도 잘하고 있고요."

한참을 말하던 석현이 엄마는 석현이가 승급해야 하는 이유에 대해 속내를 드러낸다.

"지수도 거기 다니죠? 지수랑 비슷하게 다녔는데 지수는 승급을 하고 우리 석현이는 왜 안 된다는 거죠?"

교사는 지수와 석현이를 있는 그대로 비교해서 설명하기도 쉽지가 않다. 만약 그대로 비교했다가는 석현이 엄마는 아마도 기분이 나빠 학원을 끊을지도 모르기 때문이다. 교사는 한 달 정도 더 지켜보고 승급 문제를 결정하겠노라고 확답을 드린 후 겨우 석현이 엄마를 진정시켜 상담을 마무리했다. 상담 후 석현이 엄마는 두 번 정도 더 전화를 걸어 학원 측에 압력을 주었고 승급이 안 되면 학원을 당장이라도 그만두겠다는 기세였다.

한 달 후 석현이는 엄마의 의지대로 승급을 하게 되었다. 석현이 엄마는 주변 엄마들에게 석현이의 승급 소식을 전하고 싶었다. 그래서 '어떻게 자연스럽게 자랑을 하나.' 하는 고민을 했다. '승급을 하면 집에서는 엄마가 도와줄 건 없나?', '담당 교사에게 더 첨부해서 들어야 할 사항은 없나?'를 들어야 하는데 말이다. 석현이 엄마는 정말 중요한 것을 모른 채 다른 것에만 관심이 있었다.

인간이 한 단계, 한 단계 성장해 나가고 새로운 영역에 도전해 나가는 것은 참 근사하고 가치 있는 일이다. 하지만 간혹 보면 위의 상황처럼 아이의 상황은 고려하지 않은 채 무조건적이고 보여 주기식(주변 사람들에게) 승급을 원하는 부모들이 많다.

특히 자신의 아이와 은근히 경쟁 상대라고 생각하는 친구가 승급을 한다면 이건 뭐 거의 100%에 가깝다고 봐야 할 것이다. 이는 결국 아이의 학습에는 전혀 도움이 되지 않는 행동이다.

아이의 현재 위치나 상황은 전혀 고려하지 않고 그저 남들에게 우월해 보여야 한다는 생각과 저 아이도 승급을 했으니 우리 아이도 할 수 있을 거라는 심각한 착각이 아이의 수학 성취도는 물론이고 나아가서는 학습력까지도 그르칠 수 있다는 사실을 반드시 알아야 한다.

많은 사람이 알고 있듯이 수학은 선행학습이 제대로 되어 있지 않으면 후반부 진도에 막대한 영향을 주는 학문이기 때문에 수학에서만큼은 더욱 꼼꼼하고 정확한 학습이 이루어져야 한다. 다른 아이보다 진도가 조금 느리거나 천천히 나간다고 전혀 문제될 것이 없다는 것을 명심하라.

선행학습을 조장하고 부추기는 것은 대부분 사교육이다. 수학은 속도보다는 정확한 개념 습득이 우선시되어야 한다.

앞의 사례에서(사례 8) 자신에게 맞지 않은 옷을 입었던 석현이도 많이 힘들었을 것이다. 그리고 석현이 엄마 또한 기대를 저버린 석현이가 야속하고 또 도와주지 못한 본인에게도 속상했을 것이다(사례 9).

그렇게 지나친 승급은 고스란히 아이에게 상처가 되어 오히려 수학 학습에 대한 의욕에 흠집을 내고 수학에 대한 불편한 기억을 형성하여 앞으로의 수학 학습을 더욱 힘들게 만든다. 한 번 이렇게 상처를 받은 아이들

석현이네 집 이야기

석현이는 학원에서 승급한 지 이제 한 달이 되어 간다. 하지만 석현이는 지난 한 달 동안 선생님이 설명하는 얘기가 도대체가 무슨 말인지 절반 이상은 이해가 되지 않았다. 석현이는 이미 첫 시간부터 문제가 지난 과정보다 부쩍 어려워졌다는 것을 느꼈다. 어려운 문제가 나왔을 때 집에서 엄마에게 물어보아도 돌아오는 답변은 늘 같았다.

"선생님께 여쭤봐. 엄마는 학교 다닐 때 이런 수학을 안 해 봐서 잘 모르겠다."

석현이는 학원에서 선생님에게 물어보기도 부끄러웠다. 다른 친구들은 모두 잘 이해하고 문제도 척척 잘 풀어내는 것 같았기 때문이다. 그래서 계속 기가 죽고 친구들과 같은 반에 앉아 있기가 점점 힘들어졌다. 그런 석현이에게 엄마는 매번 꾸지람하기 일쑤였다.

"너는 왜 못 따라 가니?"

엄마의 마음도 편한 것은 아니었다. 석현이가 질문을 해 올 때마다 어떻게 도와주어야 할지 난감한 본인의 상황이 스스로도 불만스러웠다. 그렇게 엄마와 석현이는 잦은 마찰을 빚었고, 석현이는 결국 승급 3개월 만에 학원을 그만두었다.

주변 엄마들에게는 그 학원이 애들 관리가 잘 안 되는 것 같아 실력 향상이 안 되는 것 같다며, 학원에 대한 불만을 잔뜩 얘기한다. 수학이 몇 달 만에 그렇게 쉽게 정복된다면 세상에 수학을 못하는 사람이 어디 있겠는가?

은 그 상처가 아물기까지 오랜 시간이 걸린다.

필자가 이렇게 세 가지 유형을 예로 든 것은 수학을 잘하는 학생에게, 혹은 수학에 대한 좋은 경험을 해 줘야 하는 시기에 얼마나 적합한 상황들을 만들어 주었느냐에 따라 아이들의 수학 성취도가 많이 달라질 수 있다는 것을 말하고 싶었기 때문이다.

수학을 싫어하고 어려워하는 요인들이 무수히 많지만 가정에서 부모가 자칫 잘못하여 실수할 수 있는 부분들을 다시 한 번 생각하면서 아이들에게 이런 안타까운 일이 생기지 않도록 주의를 기울여야 한다.

최소한 아이의 문제가 아닌 부모 때문에 아이가 수학을 못하게 되는 경우가 생겨서는 안 될 것이다. 부모는 아이의 조력자가 되어야지 조련자가 되어서는 안 된다. 학습이란 내 아이가 진짜 원하는 꿈을 이루기 위한 수단이다. 부모의 지나친 욕심으로 인해 아이가 학습에 흥미를 잃고, 나아가 포기하게 되는 사태가 발생해서는 안 된다. 아이의 수학 학습에 대한 고민에 앞서 부모의 진짜 역할에 대해 고민해야 하는 이유이다.

수학을
공부해야 하는
진짜 이유

수학이라는 과목은 단기간의 학습으로는 실력이 늘었다거나 수학적으로 생각하는 힘이 길러졌다는 느낌을 갖기가 쉽지 않다. 또한 수학적으로 생각하는 힘은 단기간에 길러지지도 않을 뿐더러 평생에 걸쳐서야 계발될 수 있다. 파트1에서 수학 학습의 현실을 파악하고 진지한 고민을 했다면 이 파트에서는 우리 아이가 수학을 공부해야 하는 이유에 대해 알려 주고자 한다. 이를 통해 내 아이가 수학 학습에 대한 동기부여과 목표의식을 더욱 확고히 할 수 있을 것이다.

01

진짜 수학은
고등학교 이후부터이다

▶▶▶ "아우, 이 지긋지긋한 수학. 빨리 고등학교만 졸업해라. 그땐 수학과는 Good-bye……."

우리나라 학생들 중에서 이렇게 생각하는 친구들이 무수히 많을 것이고, 이 책을 보는 학부모 중에서도 이렇게 생각했던 사람이 많을 것이다. 고등학교를 졸업한 뒤 대학에서 수학을 전공하거나 수학과 관련된 공대, 경제학, 통계 등 몇몇 학과를 선택하지 않는다면 사실 수학 문제를 풀어야 하는 경우는 본인이 원하지 않는다면 거의 없다. 하지만 왜 필자가 진짜 수학은 고등학교 이후부터라고 말할까?

수학의 영역 중에서 '경우의 수'를 생각해 보자. 대부분의 사람들이 '경우의 수'가 무엇을 의미하는지 알고 있을 것이다. 그럼 여기서 잠깐 간단한 '경우의 수' 문제를 수학 문제 형태로 한 번 풀어 보도록 하자.

고등학교 때까지는 우리가 겪어야 할 '경우의 수'가 그다지 많지 않다고 생각할 것이다. 그저 학생의 본분인 공부만 열심히 하면 되는 것이다. 고등학교 때까지는 간단하게 해결할 수 있는 문제들이 대부분이다.

하지만 대학생이 되고 어느새 취업 준비생, 직장생활을 거쳐 결혼생활까지 하다 보면, 우리가 고민하고 최선의 선택을 해야 하는 '경우의 수'는 그

'경우의 수'란?

어떤 일이나 현상이 일어날 수 있는 경우의 가짓 수(=갯수)라고 말할 수 있다.

Q 재욱이는 같은 반 친구인 지수, 미진이와 함께 놀이공원에 갔다. 놀이기구 입구에서 줄을 서서 기다리던 재욱이는 갑자기 이런 생각이 들었다. 세 명이 줄을 설 수 있는 경우는 몇 가지가 될까?

____

____

____

____

▶**세 명의 학생이 줄을 설 수 있는 경우의 수는 6가지이다.**
재욱-지수-미진, 재욱-미진-지수, 미진-재욱-지수
미진-지수-재욱, 지수-미진-재욱, 지수-재욱-미진

대부분 '이 정도 쯤이야.' 하면서 문제를 해결했을 것이다.
그럼 이번에는 위와 비슷한 문제를 조금만 어렵게 만들어 보자.

Q 잠시 후 2명의 여자 친구 유진, 채원이와 남자 친구 한준, 준민이가 놀이공원에 놀러오게 되었고 재욱이는 이 친구들과 함께 즐거운 시간을 보냈다. 그러던 중 어느 놀이기구 입구에서 줄을 선 모습을 보니 여자-여자-여자-여자-남자-남자-남자 이렇게 줄을 서게 되었다. 만약 여자들이 위에서처럼 이웃하게 줄을 서게 된다면 경우의 수는 몇 가지인지 구하라.

____

____

____

종류도 다양하고 개수도 너무 많이 존재한다. 이쯤 되면 난이도가 두 번째 문제쯤은 될 것 같다는 생각을 한다.

사회생활의 경우는 학교생활보다 훨씬 다양하고 복잡하다. 이런 다양한 경우에서 논리적으로 생각하기 위해서는 분명 학생 때부터 그러한 사고 체계가 갖춰져야 한다. 또 그러한 사고 체계를 잡아 가기 위해서는 수학이야말로 최고의 학문이라고 생각한다. 이런 체계를 제대로 잡지 못하고 사회에 나오면 다양한 상황에서 마주치는 변수에 당황하게 된다.

고등학교 때까지의 수학이 교과서에 나온 공식을 바탕으로, 조금 더 나아가 약간의 응용을 통해 문제를 풀이했다면, 사회에서는 다양한 변수가 공식에 대입하고 응용하는 것을 방해한다. 여기에 체계마저 없다면 결국 결과까지 가는 길은 멀고도 험한 과정이 예상된다.

어찌 보면 세상의 모든 일은 수학과 연결된다고 해도 과언이 아니다. 겉으로는 연관이 없어 보여도 실체를 파헤치고 풀이를 해 나가다 보면 결국 수학적 사고와 맞닥뜨리게 된다. 이것이 필자가 진짜 수학은 고등학교 이후라고 말하는 이유이다.

답 찾기

그럼 이제 앞에서 해결하지 못했던 두 번째 문제의 답을 보기로 하자. 어찌 생각해 보면 그다지 많이 어렵지 않은 문제이기 때문에 쉽게 해결한 사람도 있을 것이고, 또 어쩌면 단순하게 '4'라는 답을 적은 사람도 있을 것이다.

정답은 576가지이다.

풀이 과정은 다음과 같다.

① 기본적으로 생각해야 할 줄서는 방법

(여여여여남남남) (남여여여여남남)

(남남여여여여남) (남남남여여여여)

② 다른 경우는 없는지 다시 생각하기

- 사람에 이름이나 특정 인물이 지정되어 있는 경우를 생각해 보자.
- 문제에서 여자 친구들의 이름을 살펴보면 미진, 유진, 채원, 지수 이렇게 네 명이다.
- 이렇게 특정 인물이 주어졌을 경우에는 누가 앞에 서고 뒤에 서느냐에 따라 또 다른 경우가 생기는 것이다.

예) 지수-미진-유진-채원 남남남

　　미진-지수-유진-채원 남남남

　　유진-미진-지수-채원 남남남

- 그래서 위의 기본 4개의 경우에서 각각 인물들의 줄서는 경우가 다시 발생한다.
- 그리고 남자가 줄을 서는 경우의 수도 생각해야 한다.

예) 지수-미진-유진-채원-재욱-준민-한준

　　지수-미진-유진-채원-재욱-한준-준민

　　지수-미진-유진-채원-한준-준민-재욱

③ 결과 계산하기

- 위의 예에서 보듯이 여자들이 줄을 서게 되는 경우의 수와 남자들이 줄을 서게 되는 경우의 수를 생각해 본 다음 이 두 경우의 수를 서로 곱해 주어야 한다.
- 이 경우의 수를 식으로 나타내면 아래와 같다.

$4 \times 3 \times 2 \times 1 \times 4 \times 3 \times 2 \times 1 = 576$

1. 논리적이지 못하면 손해를 본다

아침에 눈을 뜰 때부터 다시 잠들 때까지 우리는 수없이 많은 의사결정을 한다. 단순하게 '어떤 옷을 입을까?'부터 회사에서의 업무 결정, 시험 시간의 답안의 결정 등. 우리는 잘 느끼지 못하지만 짧은 순간순간 머릿속에서 본인만이 갖고 있는 지식적·경험적 데이터를 갖고 통계 처리를 통하여 가장 현명한 의사결정을 하려고 노력한다. 하지만 데이터나 통계의 오류로 인하여 현명하지 못한 판단을 내릴 때도 있다. 이러한 행동이나 판단은 수학적인 논리로 구분되어질 수 있다.

사례 10

실업률과 여행사의 알 수 없는 관계

몇 년 전 지인들과 식사 모임을 하는데 어떤 분의 이야기를 듣고 조금은 의아한 생각이 든 적이 있다.
"얼마 전 뉴스를 보는데 청년 실업자가 많아서 문제라는 거야. 그래서 내가 여행사 주식을 샀지."
그래서 내가 다시 물었다.
"청년 실업률과 여행사가 무슨 관계가 있다고 주식을 사셨어요?"
"아, 이사람. 생각해 봐. 청년 실업자가 많으면 아무래도 시간이 있으니까 여행을 자주 다닐 수 있잖아. 그래서 여행사 주식을 샀지."
"아, 네. 그렇군요."
지인 분께는 그럴 수도 있겠다고 맞장구를 쳐 주었지만 사실 나의 생각은 좀 달랐다.

위의 사례를 보면(사례 10) 당장 직장을 구해야 할 사람들이 한가롭게 해외여행을 다닌다는 것이 필자의 상식으로는 이해가 되지 않았다. 그래서 필자는 그때부터 여러 여행사의 주식을 주의 깊게 살펴보기 시작하였다. 한 달 정도 넘는 기간 동안 여행사 주식은 떨어지면 떨어졌지 거의 오르지 않았다. 사회 전반적인 경기 침체로 인해 그 여파가 여행사에 고스란히 직격탄을 날리기도 했다.

위의 사례에서 보듯이 논리적이지 못한 사고는 심할 경우 금전적인 피해를 줄 수 있다. 언뜻 듣기에는 그럴듯해 보여도 조금만 주의 깊게 생각하면 전혀 논리성이 없는 말이다. 자세히 살펴보면 이런 사례를 우리 주변에서 심심치 않게 볼 수 있다.

사례 11

영업사원의 전략

마찬가지로 필자가 몇 년 전 신문에서 본 기사를 소개하려고 한다. 어느 자동차 회사 영업사원이 그해 '세일즈 왕'으로 선발이 되었다는 기사였다. 이 영업사원이 어느 날 신문에서 '농산물 풍년'이라는 기사를 보고 그 즉시 가락동 농산물 시장을 비롯하여 몇몇 농산물 시장에 전단을 돌렸다고 한다.
왜 그랬을까? 농산물 풍년과 자동차가 무슨 관계가 있을까? 실제로 이 사람은 농산물 시장에서 5대 정도의 1톤 트럭을 팔았다고 한다. 농산물이 풍년이니 당연히 출하량이 많을 것이고, 그러면 자연스럽게 그 농산물을 운송해야 하는 교통수단이 더 필요할 것이라고 예측했다는 것이다.

위의 경우는 오랜 영업 생활을 통해 문제를 해결한 사례이다(사례 11). 그러나 기본적으로 남들과 다르게 생각한다거나 아니면 관련이 없어 보이는 다른 영역들이 서로 연결 고리를 가지고 있는지를 고민하여 긍정적 효과인지 부정적 효과인지를 판단해 내는 사고를 한 것이라고 보아야 한다.

우리는 살아가는 데 있어서 무수한 경우의 수를 만나게 된다. 그러한 경우 중에서 나에게 유리하고 긍정적인 에너지를 발휘할 수 있는 논리적인 의사결정은 어쩌면 수학이라는 과목에서 충분히 얻어낼 수 있는 학습 요소일 것이다.

수학은 이렇게 단순한 암기 과목이 아닌 우리 생활에서 직접적인 연결고리를 갖고 있는 학문이다. 그러므로 시간적·금전적 손해를 보지 않기 위해서라도 어느 정도는 수학적인 관점으로 세상을 바라보는 안목을 키워야 한다. 그것이 바로 우리가 수학을 공부하는 이유 중의 하나라고 할 수 있다.

우리 생활은 끊임없는 수학적 사고의 연속이다. 예를 들어 같은 제품을 마트에서 구입하더라도 할인카드의 할인율을 따지거나, 온라인 구매의 효율성을 고려하는 모든 상황에서 수학이 필요하다. 또한 주식투자를 할 때, 집을 구입할 때도 각종 경제지표들을 보고 어느 정도 손익을 따져보는 논리적인 사고력이 필요하다.

2. 수학은 끝나지 않는다

이 글을 읽다 보면 이 제목에 어느 정도 공감할 수 있지만 반대로 별로 그렇지 않다고 생각하는 경우도 있을 것이다. '수학' 하면 대부분 무슨 생각을 할까? 계산, 문제 풀이, 도형 등 대체적으로 이러한 개념들이 머릿속에 그려질 것이다.

하지만 수학은 결코 문제를 풀어야만 가치가 있는 것이 아니다. 놀랍게도 수학은 우리 일상생활 속에서 그림자처럼 따라 다니고 있으며 우리는 항상 수학을 응용하며 살아가고 있다. 자, 그럼 석현이 엄마의 오전 스케줄을 살펴보기로 하자(사례 12).

이 정도는 초등학생도 충분히 풀 수 있는 수학이다. 설마, 이 정도의 계산을 실수하는 경우는 없을 것이다. 9분을 기다렸다가 따끈한 밥을 먹고 학교를 갈 것인지, 아니면 9분을 아끼기 위해서 간단히 씨리얼 같은 것을 먹을 것인지는 그 현장 상황에 맞게 현명한 의사결정을 하면 된다.

사례 12

석현이네 집 이야기

석현이 엄마는 알람 소리가 요란하게 울리자 화들짝 놀라며 자리에서 일어났다. 다급하게 시계를 보니 7시 37분. 이런, 늦었다. 석현이 등교 시간과 남편의 출근 시간이 얼마 남지 않았다. 두 사람 모두 늦어도 8시에는 집에서 나가야 한다. 그럼 앞으로 33분의 여유가 있다. 마음은 급한데 시간이 부족해 몹시 분주해진다.
밥솥을 보니 아직도 밥이 다 되려면 9분이나 남아 있다. 그러면 9분후에는 7시 46분이 될 것이고, 밥 먹는 시간을 20분 정도로 계산하면 자칫 지각할 수도 있었다.

석현이네 집 이야기

정신 없는 아침이 지나고, 간단히 집안 정리를 끝낸 석현이 엄마는 은행으로 향했다. 얼마 전에 들은, 수익이 잘 난다는 펀드 상품에 돈을 좀 넣어둘까 싶었다. 사실 이것 역시 누군가 수익이 잘 난다고 이야기해 준 것이다. 석현이 엄마의 순서가 되어 은행 직원에게 미리 생각했던 펀드에 대해 말을 꺼내기 시작한다.

"○○펀드에 대해서 좀 알아보려고요."

"네, 고객님. ○○펀드 말씀이시죠? 현재 이 상품은요……. 가입 금액은 최저 1백만 원부터 가능하고, 적용 이율은 3.5% 정도입니다. 1년 만기 이내에 해지하실 때는 원금의 몇 %의 손실이 발생할 수도 있으며…….

그런데요, 고객님 이 상품보다 최근에는 △△펀드가 수익이 더 잘 나오거든요. 이것도 제가 설명을 좀 드리겠습니다. 금리 몇 %, 이자는 뭐가 어떻게 되고, 그래서 수익이 얼마 정도 될 수 있고, 주식이 떨어지면 손해율이 몇 % 정도가 되고……."

석현이 엄마는 은행원이 말하는 이야기의 절반 이상이 이해되지 않았다. 머릿속으로 이자율, %와 같은 계산이 재빠르게 이루어지지 않았다. 아마 은행원이 계산기로 두드려 보여 주지 않았다면 정말 뭐가 뭔지 하나도 모를 지경이었다. 어떤 상품이 좋은 건지 선뜻 결정을 내릴 수가 없었다. 그래서 아빠와 상의해 보고 결정하겠다는 말을 남긴 채 황급히 은행을 나오고 말았다.

이런 경우는 수학적 계산과 논리적인 사고가 함께 구성되어야만 합리적인 의사결정을 할 수 있지만 석현이 엄마는 그게 너무 부담스러워 결정을 아빠에게 미루기로 한 것이다. 은행을 빠져 나온 석현이 엄마는 안드로메다에 다녀온 것처럼 골치가 아파온다.

얼마 전부터 석현이가 핸드폰을 바꿔 달라고 노래를 부르고 있다. 마침 지하상가에 핸드폰 가게가 있어 석현이에게 어울릴 만한 기종과 상품을 알아보려고 핸드폰 가게에 들어갔다. 점원의 자세한 설명을 듣고 있던 석현이 엄마는 잠시 뭔가를 고민하더니 아이와 같이 나오겠다는 말을 하고 자리에서 일어났다.

"보상은 얼마를 해 주는데…… 요금제에 따라서 통화는 몇 분 무료, 문자는 몇 개가 무료이고, 데이터 사용량은…… 그래서 기본 요금이 조금 비싸더라도 이 상품을 쓰는 게 유리하고……."

석현이 엄마는 점원의 설명이 어려워 이해하기 힘들었고, 그래서 당연히 어떤 상품이 자신에게 유리한 것인지 정확하게 계산되지 않았다. 석현이 엄마에게 오늘 오전은 피곤하기만 하다. 은행은 뭐 그렇다 치고, 핸드폰 가게 점원의 설명도 이해가 잘 되지 않으니 석현이 엄마는 본인 스스로에게 답답함을 느낀다.

누구나 한 번은 은행에서 이런 일을 겪어 보았을 것이다(사례 13). 한 번 정도는 이해가 가지 않으면 다시 물어 볼 수 있지만 같은 것을 두세 번 물어 보기에는 참, 모양새가 빠져 보인다.

어려운 수익률 계산은 전자계산기가 도와주겠지만 논리적인 판단을 통해 올바른 의사결정을 해야 하는 상황에서는 계산기도 도움이 되지 않는다. 그것은 오로지 당사자가 주변의 여건과 정황들을 종합적으로 고려하여 판단해야만 하는 것이다.

석현이 엄마는 아마도 이 상황 속에도 수학이 존재하고 있다는 사실을 느끼고 있었을까? 아니면 수학이라는 사실을 모른 채 그저 그 사람들이 알아듣기 쉽게 설명하지 못한다는 생각만 하고 있었을까?

수학은 우리가 삶을 영위하며 살아가는 모든 순간에서 그 존재를 드러낸다. 어쩌면 우리가 죽는 순간까지도 수학을 마주해야 할지 모른다. 그러므로 학교 공부에서 벗어나면 수학을 떠날 수 있다는 생각은 버려야 한다. 수학은 영원히 우리의 삶과 함께하는 동반자이기 때문이다.

▶▶▶ 생각하기 좋아하는 사람은 일상의 상황에서 가장 합리적인 해결 방안을 찾아 돈을 쓴다. 요즘은 쿠폰, 할인카드, 결재 할인 등 다양한 할인 서비스가 고객의 머리를 바쁘게 움직이게 만든다. 저렴하게 구입하는 것을 돕는 사이트가 등장했고, 밥 하나를 먹을 때도 생각이 필요하다.

예를 들어 아버지 생신이라 시푸드 뷔페에 가려고 한다고 하자. 우선 적절한 시간을 골라야 한다. 그리고 참여할 수 있는 가족의 명수를 센다. 9명이다. 이 시푸드 뷔페에는 10장의 식사권을 사면 1장을 공짜로 준다. 이 뷔페를 가족들이 1년에 3회 이상 이용한다고 봤을 때 10장의 식사권을 사서 1장을 공짜로 받으면 9명이 식사를 한 후에도 2장의 식사권이 남는다. 물론 현재는 4만 원가량의 돈이 더 들겠지만, 나중에 식사를 할 때는 4만 원을 절약할 수 있는 것이다.

또 마트에서 물건을 구입하는 경우도 생각해 볼 수 있다. '카드 결재 10만 원 당 1만 원 청구 할인'이라고 적혀 있다. 그렇다면 10만 원씩 나눠서 카드를 2번 긁는 경우와 199,000원을 한 번에 결재하는 경우 어떠한 차이가 있을까? 10만 원을 딱 맞추고 결재하면 10% 할인을 받는 셈이다. 그런데 199,000원을 결재하는 경우 1만 원을 할인받게 되므로 5%밖에는 할인

받지 못한다.

필자도 예전에 아기들의 기저귀를 살 때 계산기를 동원해서 할인을 받았는데, 그 마트의 조건은 3가지였다. 11만 원 이상 기저귀나 분유 제품 구매 시 1만 원 상품권 증정, ○○카드로 10만 원 결재 시 1만 원 청구 할인 이벤트, 기저귀 3개 구매 또는 분유 5통 구매 시 각 2만 원 할인이었다. 기저귀의 가격이 2만7천 원이었고 분유는 가격대가 다양했다. 이상한 것은 3만 원짜리 분유를 5통 사도 2만 원, 1만8천 원짜리 분유를 5통 사도 2만 원 할인이었다. 아마도 이 이벤트 기획자가 더 이상 복잡하게 생각하기 귀찮아 했거나, 분유는 1통 당 남는 금액이 분유의 가격과 무관하게 같은 지도 모르겠다는 생각이 들었다. 이런 경우 우선 기저귀를 3개 사면 8만1천 원이 된다. 여기서 2만 원이 할인되면 6만1천 원이므로 기저귀를 6개 산다. 그러면 12만2천 원이므로 원래 가격이 16만2천 원인 상태에서 4만 원을 할인받는 셈이다. 여기서 다시 1만 원 상품권을 받고 1만 원 청구 할인이 되면 결국 10만 2천 원에 구입하는 것이므로 총 6만 원이 절약된다. 결국 37% 할인을 받게 되는 셈이다.

그런데 그 다음 이벤트는 좀 달랐다. 영수증 1장에 1가지 쿠폰만 쓸 수 있게 된 것이다. 기저귀를 6개 사도 2만 원밖에는 할인되지 않는다. 이 한 가지 조건이 생기면서 할인율이 24%로 확 낮아졌다. 필자처럼 이렇게 기저귀를 구입하는 사람이 얼마나 되느냐고 생각하는 사람도 있겠지만, 많은 젊은 엄마가 마트의 기저귀 분유 판매대 앞에서 휴대폰으로 계산기를 두드리는 모습을 심심치 않게 볼 수 있다. 음식점에서도 백화점에서도 쿠폰과 할인 이벤트 문화가 존재하며 이는 수학적 사고력이 일상생활에서도 깊이 있게 작용함을 알려 주는 재미있는 사례이다.

이러한 문제들이 이제는 교과서에도 나오고, 학교 시험에도 나온다. 머리가 아프기는 하지만 한두 번 정도 생각해 보고 그 혜택을 경험해 본 학생이라면 분명히 이러한 이벤트를 또 찾아내려고 노력할 것이다. 단순한 돈 계산은 산수가 되겠지만, 다양한 경우의 수를 찾아내고 합리적인 소비 방법을 판단하는 것은 분명 수학이다.

그 밖에 생활에서 간단하게 수학을 발견할 수 있는 상황은 다양하다. 대형마트에서 아이에게 1만 원 정도의 금액에 맞춰 장을 봐 오라고 하면 어떨까?(예전에 예능 프로그램인 〈무한도전〉에서 정준하가 정 총무라는 역할을 통해 마트나 초밥 뷔페 음식점에서 어림하여 계산하는 것을 보면 정준하 씨의 수학적인 사고가 나쁘지 않다는 것을 알 수 있었다.)

지하철 최단거리 계산하기는 어떤가? 어른들에게는 아무것도 아니겠지만 초등 저학년에게는 제법 근사한 생활 속 수학이 될 수 있다. 아니면 수준을 조금 더 높여서 여행 계획을 세우는 것은 어떨까? 여행 계획을 세우는 것은 예전에 어느 과학고등학교에서 출제된 면접 문제이기도 하다. 여행에서는 단순히 놀고 즐기는 목적만이 아닌 거리 계산, 시간 계산, 비용 계산과 더불어 여행을 하는 동선까지도 계획해야 한다.

얼마 전 필자의 딸이 친구들과 놀이동산에 놀러간 적이 있었다. 그때 놀이동산 입구에서 놀이동산의 전체 지도를 보며 놀이기구의 탑승 계획과 그에 따른 동선을 최소화할 수 있는 방법, 그에 따른 비용 계산을 생각해 보도록 한 후 놀이공원에 입장하게 했다.

이러한 일들은 앞으로의 계획을 세우기 위해 어른들에게도 필요한 일이다. 하지만 무엇보다 어린 학생들에게 충분히 흥미 있는 수학적 소재가 될 수 있다.

　수학적으로 사고하는 것은 곧 효율적으로 생각하는 것이다. 효율적인 생각은 수학이라는 범주 외에도 다양한 곳에서 우리가 살아가는 데 도움을 준다. 그러므로 수학적 사고와 효율적 생각을 동일한 범주로 보아도 무방할 것이다.

서술형 수학과 친해지기

지금까지 교과 수학에 익숙한 내 아이에게 갑자기 서술형 수학에 익숙해지라고 하는 것은 억지스러운 강요처럼 느껴질 수 있다. 단순한 문제 풀이를 넘어 서술형으로 수학을 풀이하기 위해서는 '서술형 수학'과 친해지는 것이 먼저이다. 이 파트에서는 서술형 수학을 통해 동기를 불러일으켜 수학에 조금 더 가까이 갈 수 있는 방법을 알려 준다.

01 수학 학습의 동기를 불러일으키자

▶▶▶ 내재적 동기 이론가들은 인간이란 선천적으로 기능을 발달시키고 학습과 관련된 활동을 하려는 성향이 있다고 주장한다. 즉 학습 그 자체가 강화 작용을 하기 때문에 외적 강화가 반드시 필요한 것은 아니라고 한다. 이 관점에 따르면 인간이란 본래 아래와 같은 경향이 있다.

① 선천적으로 능력 개발을 추구하는 경향이 있다.

② 자신의 기대와 다소 불일치하는 사태나 활동을 추구한다.

③ 자율적인 존재로서 자신의 의지에 따라 어떤 활동에 참여하려고 하는 선천적인 욕구를 가지고 있다.

따라서 수학적인 학습을 성공적으로 이끌기 위해서는 기본적으로 내재적 동기를 강화해야 한다. 자꾸 일상생활에서 수학적인 소재를 찾아보는 것이다.

엄마와 아이가 수학 학습을 하기 위해 책상에 앉아 있다고 생각해 보자. 엄마는 아이가 5분만 집중하면 한바닥을 재빨리 풀어낼 수 있다고 생각하지만, 실제로 아이는 정말 5분이면 풀 수 있는 문제를 해결하기도 전에 갑자기 화장실에 다녀오고 물을 마시기도 하고 다른 장을 술술 넘기기 일쑤이다. 거의 30분을 끌어가니 엄마는 화가 치밀어서 결국 소리를 지른다. 그러자 아이가 정말 5분 만에 문제를 풀었고, 이를 본 엄마가 어이 없어 하며 말했다.

"그러게 5분이면 할 것을 엄마한테 야단맞고, 시간은 35분이나 걸리고, 도대체 왜 그러는 거야? 수학이 그렇게 싫어?"

결국 설교 시간까지 해서 5분의 수업은 50분이 되기 일쑤이다.

옆집 아이는 놀아도 공부를 다 해 놓고 논다는데, 우리 아이는 왜 이럴까 싶어 심란하다. 생각해 보면 이는 결국 학습에 대한 자신의 내재적 동기가 발동되지 않았기 때문이다. 이 내재적 동기를 어떻게 이끌어 내야 할까? 결국 자신과 수학이 밀접하게 연관되었다는 생각을 갖도록 유도하는 것이 최선이다. 사람은 자신과 연관된 것에 대해서는 흥미를 보인다.

우리 아이의 경우 의도적인 설정이 어려워서 어릴 적에는 우선 무조건 수학적으로 생각하는 시간을 늘리기 위해 선물을 걸었다. 약속한 과제를 OO시까지 해결해 놓으면 원하는 선물을 사 주는 것이었다. 선물은 직접 정한다. 그런데 실상 아이가 요구하는 선물들은 당장 꼭 필요하지는 않고, 저렴하다는 특성이 있었다. 그런데 이것은 구체적 조작기의 어린아이들에게는 효과적이나, 추상적 사고기로 넘어가는 과도기에 놓인 아이들에게는 시도 자체가 불가능한 방법이다. 추상적 사고기의 아이들은 나름대로 자신의 주장을 관철시키고, 물건에 크게 집착하지 않는 성향이 있기 때문에 "선물을 안 받고, 공부를 안 하겠다."는 극단적인 결론을 내리는 경우도 많다. 공부를 해서 힘이 드느니 차라리 안 하겠다는 것이다. 이런 말까지 듣게 되면 정말 화가 머리끝까지 솟아서 폭발하는 상황이 이어지므로 피해야 한다.

결국 구체적 조작기가 진행 중인 초등학교 저학년까지의 아이들은 수학 학습의 습관을 기르는 것이 중요하다. 습관은 몸에 배면 좀처럼 떨어져 나갈 줄을 모른다. 수학 문제를 푸는 것이 익숙한 습관이 되도록 하려면 어린 시절부터 많은 시간을 그렇게 보내야 하기 때문에, 선물을 이용해서라도 수학 학습을 스스로 정하고, 목표를 세우고 공부하도록 하면 머리가 커서 중학교에 가도 그러한 습관은 남아 있다.

02

서술형 수학이 탄생하다

▶▶▶ 2009년에 개정된 교육 과정에 따라 수학은 관찰, 귀납, 추측, 유추, 추론을 강조하면서 수학적 사고 능력과 수학적 문제 해결 능력, 수학적 의사소통 능력을 개발하는 데 중점을 두고 있다. 교과 개편 못지않게 더욱 반가운 것은 평가 방법도 변화하고 있다는 것이다.

과거에 답안의 결과만을 중시하던 초점적 결과에서 앞으로는 과정도 중요하게 생각하는 절차적 지식도 함께 평가한다는 것이다. 이는 수학 시험에서도 서술형 문제가 나오면 답안도 서술형으로 작성해야 한다는 의미이다.

현재 지역에 따라 조금씩 차이가 있지만 서술형 비율이 많은 곳은 이미 40% 이상 출제하기도 한다. 이렇다 보니 서술형 문제를 외면하고만 있을 수는 없는 노릇이다. 개인적으로는 서술형으로 답안을 작성하는 것에 전적으로 찬성하지만 학부모의 입장에서는 꼭 좋은 것만은 아닌 듯하다.

학생들이 적어 놓은 서술이나 풀이 과정을 찬찬이 들여다보면, 이 학생이 어떤 생각으로 문제를 이해했는지 그리고 중간에 잘못 이해하고 있는 부분은 없는지, 절차에 맞는 풀이 과정을 적었는지, 혹시 틀렸다면 어느 부분부터 잘못되었는지를 알 수 있다. 나아가서는 선행학습을 많이 한 학생인지, 아니면 선행보다는 본인의 사고에 의해 해결한 문제인지까지도 쉽게 체크할 수 있다는 큰 장점이 있다.

1. 서술형 수학이란 무엇인가

대한민국에서 글쓰기를 제일 싫어한다는 초등학교 4~6학년, 특히 남학생을 둔 학부모들의 걱정이 크다. 한 번은 현직 초등학교 선생님으로 근무하는 후배가 필자에게 질문을 해 왔다.

"우리 아들은 지문이 긴 문제만 나오면 읽기를 싫어하고 부담스러워 하니 어쩌면 좋을까요?"

해결책을 물어 보기에 그때는 "에이! 현직 선생님도 못하는 걸 내가 어떻게 해."라고 농담하듯 웃어 넘겼다. 하지만 서술형은 최근 학부모와 학생들에게 큰 부담이 아닐 수 없다. 서술형에 관한 학부모들의 고민을 들어보면 대략 이런 내용들이 많다.

✓ 우리 애는 서술형으로 쓰는 것을 너무 싫어해요.
✓ 문제의 지문이 조금 길면 읽는 것을 많이 부담스러워 해요.
✓ 말로 하는 것은 잘하는 것 같은데 글쓰기와 연결되지 않아요.
✓ 글을 쓰긴 쓰는데 내용에 두서가 없고, 단순한 계산식만 있어요.

학생들 입장에서 생각해 보면 서술형으로 쓰기가 쉽지 않다는 것을 충분히 이해할 수 있다. 수학처럼 추상성이 강한 학문은 답을 적는 것도 만만치 않은데 거기에 풀이 과정까지 적으라고 하니 질색할 수밖에 없을 것이다.

특히, 고학년 학생들이 저학년이었을 때를 생각해 보면 서술형 문제의 비중이 거의 없거나 1~2개 수준이었을 것이다. 또한 교사들도 아직 서술형 문제 채점에 대한 규정이나 경험이 많지 않고 채점을 하는 시간이나 노력에도 어느 정도 부담을 느낀다. 그래서 서술 능력이 약하더라도 답이 맞으면 정답으로 인정해서 아이가 점수를 잘 받아 온다고 생각하여 크게 신경쓰지 않았을 것이다.

하지만 지금은 서술형 채점에 대한 명확한 기준과 함께 많은 선생님이 충분한 노력을 투자하며 채점하고 있다. 그러나 아직 연습이 충분히 되지 않은 상태에서 갑자기 서술형으로 답안을 적어낸다는 것은 말처럼 그리 쉬운 일이 아니다.

수학뿐 아니라 우리 생활에서 발생할 수 있는 상황이나 경험했던 일, 미래 계획 등 무엇인가를 서술하고 글을 써야 할 일들은 앞으로도 무수히 많아질 것이다.

대부분의 성인은 회사에 입사 지원을 할 때 처음 자기소개서를 작성할 것이다. 하지만 요즘은 그런 자기소개를 작성할 수 있는 시기도 무척 많이 앞당겨졌다. 만약 자녀가 국가에서 운영되는 영재교육원에 지원하려 한다면 이제 자기소개서는 필수 사항이다.

서술형 문제를 잘 해결하여 높은 점수를 받으면 좋겠지만 지금 당장 몇 점을 받았느냐가 중요한 것이 아니다. 시간을 두고 꾸준한 노력을 통하여 자신을 잘 표현하고 잘 보여 줄 수 있는 나만의 유용한 도구로 활용한다면 영재교육원의 자기소개서에서도, 나아가서는 대학 논술, 입사지원서 등에서 나를 더욱 빛나게 만들어 줄 것이다.

서술형 문제는 이제 더 이상 피할 수 없다. 어떻게 하면 극복할 수 있을지 진지하게 고민해야 할 때이다.

2. 서술형 수학을 극복하자

학생들의 답안을 보면 어느 정도의 실력인지 알 수 있다. 물론 학생들의 선행학습의 정도나 이해 수준, 표현 능력과 방식이 너무 다양해서 모든 것을 일반화할 수 없고 명확한 답변을 주기도 쉽지 않다. 그래도 본인의 노력과 함께 주변 교사나 학부모의 도움을 받는다면 어느 정도는 충분히 개선될 수 있는 여지가 충분히 있다고 생각한다. 학생들의 풀이 과정을 보면서 느껴왔던 느낌의 유형을 정리해 보면 아래와 같다.

1. 이 정도면 아주 잘하는데.
2. 음, 이 친구는 서술을 할 수 있는 기본기는 갖추고 있는데 어떻게 표현해야 할지 아직 방법을 잘 모르는 것 같네!
3. 뭔가 적긴 적었는데 두서가 없고 본인이 계산한 흔적만 남아 있어.
4. 이 친구는 서술형보다 먼저 수학에 대한 개념을 잡아야 할 것 같군.
5. 헉, 이 녀석은 이게 무슨 문제인지도 파악을 못하고 있네.

4번과 5번에 해당되는 학생들은 사실 서술형 답안을 기대하기는 쉽지 않을 것 같다. 최소한 당장은 말이다.

최근 서술형을 강조하는 학원이 많이 생겨나고 있다. 그만큼 학부모들의 관심도가 높아졌다는 뜻이다. 그런 학원들이 아무래도 일반 학원보다는 서술형 답안에 대해 더 신경을 써서 학생들을 지도할 것이다. 하지만 필자가 생각하기에 서술형 답안 작성은 꼭 그런 전문 학원에 기대기보다 함께 수업을 하는 교사나 학부모의 노력과 관심이 더욱 중요하다.

간혹 서술형을 강조하는 학원을 보면 굳이 적지 않아도 될 내용까지 적어서 보여 주기식 답안 작성을 훈련시키는 것이 아닌가 싶기도 하다. 같은 그룹 안에서도 학생들의 서술에 정도의 차이가 발생하므로 교사는 학생들의 서술 정도를 체크하여 꼼꼼히 지도해야 한다. 그리고 학부모들도 그저 특정 브랜드만을 쫓기보다 현재 우리 아이와 수업을 함께하는 교사가 어느 정도의 관심을 갖고 지도해 줄 수 있는지를 잘 판단해야 한다.

한 가지 더 말하고 싶은 것은 수학의 서술형 글쓰기는 빠른 시간 안에 이루어지지 않는다는 것이다. 학부모들은 좀 더 여유로운 마음을 갖고 아이를 꾸준히 격려하며 함께 노력해야 한다. 이에 앞서 필자가 학생들의 답안을 지켜보며 느꼈던 감정들을 하나씩 되짚어 보기로 하자.

◆ 이 정도면 아주 잘 하는데.

교사가 이 정도의 생각을 가질 정도라면 굳이 더 지도할 것이 없다. 그래도 답안의 과정 중에서 가장 핵심 내용을 골라 왜 이렇게 생각했는지 물어봐 주는 것이 좋다. 이를 통해 아이의 생각을 더욱 심화시킬 수 있다.

◆ 음, 이 친구는 서술을 할 수 있는 기본기는 갖추고 있는데 어떻게 표현해야 할지 아직 방법을 잘 모르는 것 같네!

교사의 입장에서 학생들과 수업을 하기에 이런 유형의 학생이 가장 습득력도 빠르고 흥미로운 스타일일 수 있다. 하지만 반대로 어쩌면 아주 꼼꼼하게 체크해야 할 유형이기도 하다.

첫째, 꾸준한 교과 학습을 통해 단답형의 답은 훌륭하게 적어 낼 수 있으나 서술형을 많이 써 보지 않았을 수 있다. 서술형 답안을 어떻게 적어야 할지 모르거나 모범 답안(샘플)을 구경도 못 해 본 경우도 많다. 이럴 때는 교사가 모범 답안을 여러 번 제시해 주며, 동료 학생 중의 답안 중 좋은 것이 있다면 함께 공유해 준다.

둘째, 다른 교과목에서는 서술이 잘 되는데 유독 수학에서만 서술이 약할 수 있다. 이는 수학적 개념 형성이 아직 미흡하기 때문이다. 이런 학생들은 우선 문제에 대한 개념과 해결을 위한 이해가 어느 정도인지 꼼꼼히 파악해야 한다.

그리고 문제점을 찾아 해결해 주는 것이 급선무이다. 만약 이런 상황을 체크하지 못하고 서술형만을 강조하는 것은 학생에게 큰 부담을 안겨 줄 뿐이다. 또한 서술형 문제와 멀어지게 하는 원인이 될 수도 있다.

◆ 뭔가 적긴 적었는데 두서가 없고 본인이 계산한 흔적만 남아 있어.

이런 유형은 손이 많이 가고 바꾸는 데도 적잖은 시간이 필요하다. 초등학교 4~6학년 남학생이라면 더욱 그렇다. 이런 학생들의 답안을 보면 여기저기 계산한(흡사 낙서와도 같은) 흔적 정도만 남아 있다. 그나마 답이라도 맞으면 불행 중 다행이다. 이는 개념과 문제를 이해하기는 했다는 뜻이므로 서술형 교정 작업을 이렇게 시작한다.

서술형이 무엇인지 알려 주기 위해 우선 답안지를 보여 준다. 그 다음 본인이 푼 문제의 풀이 과정을 말로 설명하게 한다. 이때 필자는 항상 학생의 바로 옆에서 말을 듣는다. 설명이 끝나면 바로 본인이 얘기한 내용을 그대로 적도록 한다. 물론 한 번에 적어 내는 학생은 거의 없다.

이때 필자는 노래를 한 소절, 한 마디씩 배우듯 한 마디를 듣고 적게 하

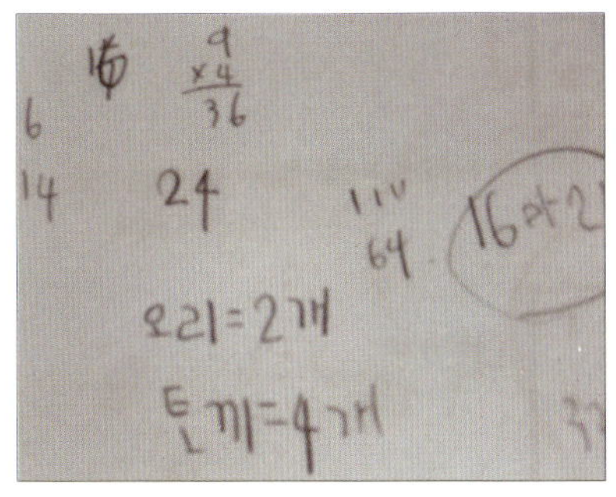
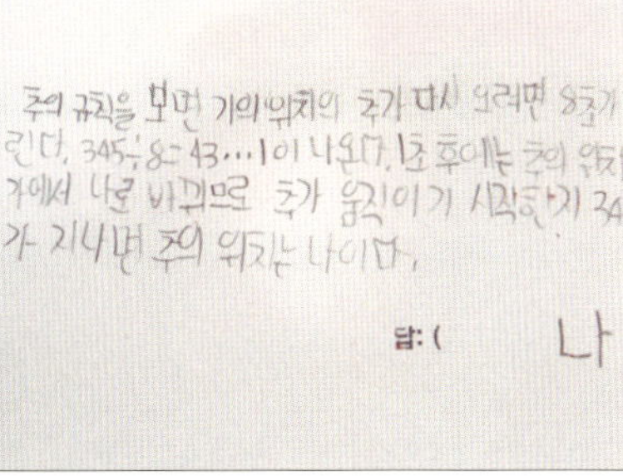

★서술형 답안의 좋지 않은 예   ★서술형 답안의 좋은 예

고, 또 한 마디를 듣고 적게 한다. 이 방식으로 말하고 적는 것을 반복한다. 여기서 중요한 것은 교사는 학생이 이야기한 내용을 잘 기억해야 한다는 것이다. 만약 학생이 다시 설명할 때 버벅거리고 말을 잘 못할 경우 교사가 다시 앞에 말한 이야기를 상기시켜 주어야 한다.

◆ 이 친구는 서술형보다 먼저 수학에 대한 개념부터 잡아야 할 것 같군.

◆ 헉, 이 녀석은 이게 무슨 문제인지도 파악을 못하고 있네.

이 유형의 학생들은 우선 교과의 개념이나 문제의 이해가 필요하다. 기본을 충실히 다지고 난 뒤 위의 과정을 통하여 서술형을 학습해야 한다. 또 한 가지 서술형을 극복하는 방법으로는 학생 중심의 토론식 학습 방법이 있다. 모르는 문제라도 풀이를 보지 않고 친구들과 이야기하면서 해법을 찾는 과정은 의사소통 능력을 길러 주고, 가장 합리적인 문제 풀이 방법을 찾도록 유도한다. 또한 이 과정에서 모아진 다양한 의견이 수학적 생각으로 연결되어 창의적 문제 해결력을 키워 준다.

이러한 토론을 자연스럽게 서술형 작성으로 이어 주면 수학적 의사소통을 키우는 동시에 서술형을 극복하는 또 한 가지의 방법이 될 수 있다.

3. 서술형 문제 유형을 살펴보자

서술형 수학에 대해 이해했다면 이제 본격적으로 문제를 살펴보아야 할 때이다. 아래의 서술형 문제는 초등학교에서 나오는 것이라고 보기에 길이가 제법 긴 편에 속한다(사례 14). 이처럼 문장이 긴 문제라면 아마 대부분의 아이들이 읽어 보기도 전에 많은 부담을 가진다.

이런 경우 조금이라도 부담을 줄여 주기 위해 문장을 중간중간 끊어서 전체 문제가 짧아 보이도록 해 주는 것이 좋다. 그리고 단계적으로 어떤 순서로 문제를 해결하면 좋을지 번호로 체크해 주어도 좋다(사례 15).

사례 14

윤석이가 처음 가지고 있던 카드는 몇 장인가?

훈희, 승현, 경훈, 윤석이는 무척 친한 친구 사이이다. 이 네 명의 친구는 학교에서 열리는 장날 행사에서 돈을 모아 게임 카드를 샀다. 모두의 돈을 합쳐서 산 것이기에 네 명은 카드를 나누었다. 그런데 훈희는 자신이 카드를 많이 가졌다고 생각해 고민 끝에 자신의 카드 중 일부를 세 친구에게 각자 가지고 있는 카드의 2배가 되도록 나누어 주었다. 다음날 승현이도 고민 끝에 자신의 카드 중 일부를 세 친구에게 각자 가지고 있는 카드의 2배가 되도록 나누어 주었다.
또 다음날은 경훈이가, 그 다음날은 윤석이가 같은 방법으로 카드를 갖게 되었으며, 훈희는 윤석이가 가진 카드의 6배를, 승현이는 윤석이가 가진 카드의 4배를, 경훈이는 윤석이가 가진 카드의 2배를 갖게 되었다. 네 친구가 처음 구입한 카드가 모두 208장이었다면 윤석이가 처음 가지고 있던 카드는 몇 장일까?

윤석이가 가진 카드 갯수 맞추기

훈희, 승현, 경훈, 윤석이는 무척 친한 친구 사이이다. 이 네 명의 친구는 학교에서 열리는 장날 행사에서 돈을 모아 게임 카드를 샀다. 모두의 돈을 합쳐서 산 것이기에 네 명은 카드를 나누었다. 그런데 ①훈희는 자신이 카드를 많이 가졌다고 생각해 고민 끝에 자신의 카드 중 일부를 세 친구에게 각자 가지고 있는 카드의 2배가 되도록 나누어 주었다. 다음날 ②승현이도 고민 끝에 자신의 카드 중 일부를 세 친구에게 각자 가지고 있는 카드의 2배가 되도록 나누어 주었다.
또 ③다음날은 경훈이가, 그 ④다음날은 윤석이가 같은 방법으로 카드를 갖게 되었으며, ⑤훈희는 윤석이가 가진 카드의 6배를, ⑥승현이는 윤석이가 가진 카드의 4배를, ⑦경훈이는 윤석이가 가진 카드의 2배를 갖게 되었다. 네 친구가 처음 구입한 카드가 모두 208장이었다면 윤석이가 처음 가지고 있던 카드는 몇 장일까?

네 명이 모두 나누어 가진 결과를 살펴보면 다음과 같다.
윤석이가 가진 카드를 □개라고 하면
훈희는　(□×6)개
승현이는 (□×4)개
경훈이는 (□×2)개의 카드를 갖게 될 것이다.

□×6+□×4+□×2+□=208
□×13=208,　□=16(장)

훈희	승현	경훈	윤석
96	64	32	16
48(96÷2)	32(64÷2)	16(32÷2)	112(16+48+32+16)
24(48÷2)	16(32÷2)	112(16+24+16+56)	56(112÷2)
12(24÷2)	112(16+12+56+28)	56(112÷2)	28(56÷2)
110(12+56+28+14)	56(112÷2)	28(56÷2)	14(28÷2)

처음 윤석이가 가지고 있던 카드의 갯수는 14장이다.

03 독서가 수학 학습을 도와준다

▶▶▶ '수학 문제를 푸는 것이 책을 많이 읽는 것과 무슨 관계가 있다는 말이지?'라고 생각하는 사람들이 있을 것이다. 하지만 수학을 오랫동안 지도해 본 경험이 있거나 최근의 수학 학습 트렌드를 이해한다면 충분히 공감할 수 있는 이야기이다.

필자는 수업 시간에 문제를 잘 이해하지 못하는 학생들에게 이렇게 묻는다.

"혹시 너 책은 많이 읽는 편이니?"

그럼 대부분의 학생들이 "아니오."라고 대답한다.

글을 많이 읽어 본 경험이 없는 학생들은 확실히 독해력이 떨어지고 문제에 나와 있는 정보들을 효과적으로 정리하지 못해 그저 문제가 어렵다고만 생각한다. 그런 경우는 교과 수학에서도 나타나는 현상이지만 특히 사고력 수학 문제에서 그 증상이 더욱 심해지게 마련이다.

요즘은 사고력 문제가 대세

라고 할 정도로 교과에서도, 학원에서도 그 중요성을 강조하고 있다. 학생들이 각자의 학습 수준에서 해결하지 못할 수학 문제는 없다. 다만 학생들은 문제에 나와 있는 많은 정보를 찾지 못해 수학을 어렵게만 느끼는 것이다.

수학은 정보 찾기 싸움이다. 형사가 사건의 모든 과정을 퍼즐로 맞춰 나가듯이 논리 정연하게 해석하는 것처럼 학생도 수학 문제에 들어 있는 정보들을 잘 찾아내어 순서에 맞게 풀어 나가는 것이 중요하다. 만약 내 아이가 문제를 잘 이해하지 못하고 문장이 긴 수학 문제를 읽는 것조차 싫어한다면 먼저 꾸준한 독서를 권한다.

우선 글이나 문장과 익숙해져야 긴 서술형 지문을 읽는 것에 거부감을 느끼지 않는다. 문제를 읽는 것에서 어려움을 느낀다면 답을 찾는 것은 더욱 어렵다. 우선 서술형 문제를 부담없이 읽어 내고 효과적으로 해석할 수 있도록 독해력을 키워야 할 것이다.

사고력 수학과 가까워지기

좋은 학원을 선택하는 것보다 더욱 중요한 것은 자신만의 수학 스타일을 찾는 것이다. 여기서 말하는 스타일이란 수학 문제를 나만의 방식으로 쉽게 해결할 수 있는 표현 방법을 의미한다. 그럼, 다양한 문제 풀이 방법에 대해서 생각해 보기로 하자.

수학에도 그림이 필요하다

▶▶▶ 과학 수업에서 실험이 중요하듯이 수학을 어려워하는 아이들에게는 수학 수업에서도 그림을 활용해야 한다고 생각한다. 남이 들려주는 이야기로만 이해하기보다 눈으로 한 번 보는 것이 머릿속에 더욱 오래 기억되게 마련이다.

그림이 없는 문제가 나왔을 때 문제 해결을 위한 실마리를 찾아내는 데 어려움을 겪는 친구들이 많다. 하지만 신기하게도 문제 옆에 간단한 그림을 그려 첨삭해 주면 어렵게만 느끼던 문제의 실마리를 잘 찾아낸다. 수학 문제에서 그림이 표현해 주는 영향은 매우 크다. 그림이 들어 있는 문제와 그렇지 않은 문제의 차이점에 대해 예를 들어 살펴보자.

옆의 두 문제는 똑같은 문제이다. 조금 차이가 있다면 하나는 그림이 없고, 하나는 아주 간단하지만 네모 박스 모양의 그림을 넣어 주었다는 것이다.

보기에 어떤 문제가 더 쉽게 느껴지는가? 아마도 대부분 그림이 들어가 있는 문제를 좀 더 쉽게 느낄 것이다. 그리고 이 문제를 어떤 방식으로 해결해야 할지 머릿속으로 정리가 될 것이다. 같은 문제임에도 불구하고 왜 이렇게 다르게 생각할까?

사고력 문제이든 교과 문제이든 초등학교 저학년의 수학 문제를 한 번

그림 이용하기

문장으로 길게 설명된 문제를 표나 그림으로 정리하면 훨씬 쉽게 이해할 수 있다.

Q1 그림이 없는 문제

재현이는 박물관에 견학을 갔다. 박물관의 안내 지도를 유심히 살펴보던 재현이는 고려시대 유물 전시관이 $\frac{1}{2}$이고, 조선시대 유물 전시관은 $\frac{2}{6}$이며, 나머지 공간에는 5개의 유물이 전시되어 있다는 것을 알게 되었다. 각 공간마다 같은 수의 유물이 전시되어 있다면 모두 몇 개의 유물이 전시되어 있을까?

____

____

____

Q2 그림이 있는 문제

재현이는 박물관에 견학을 갔다. 박물관의 안내 지도를 유심히 살펴보던 재현이는 고려시대 유물 전시관이 $\frac{1}{2}$이고, 조선시대 유물 전시관은 $\frac{2}{6}$이며, 나머지 공간에는 5개의 유물이 전시되어 있다는 것을 알게 되었다. 각 공간마다 같은 수의 유물이 전시되어 있다면 모두 몇 개의 유물이 전시되어 있을까?

아래의 그림을 이용해 보자.

고려시대 유물관	고려시대 유물관	고려시대 유물관
조선시대 유물관	조선시대 유물관	5개의 유물전시

A 고려시대 유물관은 전체의 $\frac{1}{2}$, 조선시대 유물관은 전체의 $\frac{2}{6}$이다. 전체의 $\frac{1}{6}$이 5개이므로 **총 작품의 수는 30개**(5×6=30)이다.

생각해 보자. 초등학교 저학년의 문제에는 좀 더 수월하게 해결할 수 있게 그림이나 색깔이 많이 들어간다. 하지만 고학년이 되면서 문제에서 점점 그림이나 색깔이 사라지고 온통 숫자 혹은 글씨만 채워진다. 그림은 곧 힌트이며 그 문제를 해결하기 위한 문제 해결 전략을 보여 주는 시작이기도 하다.

고학년이 되면 당연히 공식을 써서 문제를 해결하는 방법을 사용해야 한다. 하지만 제대로 된 식을 적어가면서 문제를 해결하는 것은 말처럼 그리 쉬운 일이 아니다.

필자는 식을 잘 세우지 못하는 학생들이나 문제를 어떻게 해결해 나가야 할지 실마리를 찾지 못하는 학생들에게 이런 말을 자주 한다.

"○○야! 그림으로 그려 보면 어떨까?"

필자는 수학 문제를 해결할 때 대개 그림을 그릴 것을 권한다. 이는 수학 문제를 시각화 하자는 의미인데 머리로만 막연히 상상하는 것보다 시각적인 효과가 더 크기 때문이다.

앞에서도 언급한 바와 같이 수학은 추상성이 강한 학문이다. 그렇기 때문에 더욱 시각적으로 보여 주고 표현해야 문제를 쉽게 해결할 수 있다. 학생들은 처음 문장과 숫자로만 가득하던 지문을 읽었을 때와 달리 그림이나 서식을 그리면 문제를 달리 보게 된다. 같은 문제임에도 불구하고 문제를 훨씬 쉽게 받아들이고 결국 풀이도 더욱 쉬워진다.

물론 우리가 배운 공식을 바탕으로 제대로 된 식을 세워 문제를 해결하는 것이 올바른 방법이다. 하지만 식을 세워 문제를 해결하는 것에 어려움을 겪는다면 꼭 그렇게 어려운 해결법보다 그림으로 표현하여 자신만의 방법으로 문제를 해결해 나가도 된다.

다른 측면에서 생각해 보면 그런 방법을 통한 수학 학습 방법이 오로지 공식에만 의존하여 문제를 해결하는 것보다 오히려 아이들의 사고력 개발에 더 도움이 될 수 있다.

분명 아이가 새로운 문제를 해결하기 위해 다양한 사고를 하면서 그림이나 서식이 나타난 것이므로 새로운 문제 해결 전략을 보여 준 것이라 말할 수 있을 것이다.

이러한 연습을 계속해 보면 고학년이 되었을 때 어느새 머릿속으로 문제를 도식화하는 자신을 발견할 수 있을 것이다. 글자와 공식으로만 정리된 문제를 쉽게 이해하는 것이 문제 풀이의 시작이다. 어려운 방법이 아닌 그림을 통해 문제를 효과적으로 이해해 보자.

02 수학에도 다양한 문제 해결 전략이 있다

▶▶▶ 필자는 폴리야(Polya)의 문제 해결 전략 4단계를 상당히 좋아하는 편이다. 이 이론은 말 그대로 문제를 쉽고 단계적·전략적으로 해결하기 위한 방법을 4단계로 구분해 놓은 것이다.

> **폴리야(Polya)의 문제 해결 전략 4단계**
>
> ① 문제의 이해   ② 문제 해결 계획 및 수립
>
> ③ 문제 계획 실행   ④ 반성

문제 해결 전략의 순서에서 볼 수 있듯이 이 이론은 분명히 자기주도적인 성격을 가지고 있다. 상황마다 조금씩 차이가 있겠지만, 기본적으로 이 학습 전략에서는 교사의 역할이 적극적인 개입보다 단서 제공이나(아주 작은 양의 단서) 발문을 통하여 풀이 과정에 도움을 주는 조력자에 한정된다. 그럼 각 단계마다 어떤 기능을 하는지 간단히 살펴보자.

① 문제의 이해

이 단계는 문제를 이해하는 단계이므로 다음과 같은 질문을 스스로에게 던져 보도록 한다.

- 문제에서 볼 수 있는 개념이나 조건들을 알고 있는가?
- 사용된 단어, 표현이나 기호들을 이해하고 있는가?
- 지문에 나와 있는 문제의 순서에 맞게 연관성을 이해하고 있는가?

② 문제 해결 계획 및 수립

문제를 해결하기 위하여 전략과 방법을 생각하는 단계이다. 이 단계에서는 다양한 수학적 전략을 통해 계획을 수립할 수 있다.

- 그림으로 표현하기, 어림하기, 거꾸로 해결하기, 예상하고 확인하기, 표 만들기, 규칙 찾기 등

③ 문제 계획 실행

해결 계획에 따라 실제로 문제를 해결하는 단계이다. 이 단계를 수행하면서 자신의 계획이 올바른 판단이었는지 아니면 잘못된 판단이었는지 깨닫게 된다. 만약 계획이 잘못되었다면 다시 계획을 수립하여 문제를 다양한 방법으로 해결하도록 돕는다. 교사는 이 단계에서 주의 깊게 풀이 과정을 살펴봐야 한다. 너무 많은 오류를 범할 경우에는 학습자가 지칠 수 있으므로 적절한 발문을 통해 문제를 해결해 나가도록 도와준다.

④ 반성

본인의 해결 방법을 검토하고 실수나 더 좋은 풀이 과정은 없는지 다시 한 번 생각하게 한다. 이 단계에서 가장 중요한 것은 학생들로 하여금 수학적 성취감을 느끼게 하는 것과 동시에 수학적 사고와 문제 해결 전략의 다양한 경험을 통해 메타인지를 증진시키는 것이다.

03 문제 해결 전략의 예시를 살펴보자

▶▶▶ 필자는 '수학을 시각화 하자.'라는 표현을 자주 사용한다. 이는 문제 해결 전략에서 많이 사용되는 '그림으로 표현하기'와 같은 맥락이다. 위에서 소개된 문제 해결 전략의 몇 가지 예를 살펴보자.

수학 문제를 해결하는 방법은 한 가지만 있는 것이 아니다. 실제 문제를 풀어보면 학생마다 각자 다른 방법을 사용하기 때문에 한 문제에 대한 풀이 방법이 두 가지 이상이 될 수 있다. 물론 두 가지 이상의 방법으로 문제를 해결하기 위해서는 많은 문제를 풀어 봄으로써 훈련이 되어 있거나 수학적 사고력이 아주 뛰어나야 할 것이다.

만약 수능처럼 중요한 시험을 보고 있는데 약간 아리송한 문제가 있다고 가정해 보자. 이런 경우에는 꼭 다른 방법으로 문제 해결의 실마리를 찾아볼 것을 권한다. 만약 다른 방법으로도 문제를 해결했는데 답이 같게 나온다면 그것은 틀릴 확률이 거의 없을 것이다.

요즘에 많이 나오는 사고력 문제를 보면 '다른 방법으로 풀어 봅시다.'라는 문구를 자주 보게 된다. 학생들의 입장에서는 귀찮은 일이겠지만 그래도 모두 자신들에게 도움이 되는 발문이기 때문에 꼭 문제를 다시 한 번 해결해 볼 것을 당부한다.

수학 문제의 시각화

실제 문제를 시각화 하는 방법을 실현해 봄으로써 서술형 문제를 해결하는 새로운 방법을 찾을 수 있다.

Q1 집에서 학교까지의 거리는 1,020m이다. 학교에 가는 길에는 도서관과 친구네 집이 있다. 집에서 도서관까지의 거리는 집에서 학교까지 거리의 $\frac{1}{2}$이고, 집에서 친구네 집까지의 거리는 $\frac{5}{6}$이다. 도서관에서 친구네 집까지의 거리는 얼마일까?

〈풀이 과정〉

① 문제 이해하기

: 도서관에서 친구네 집까지의 거리 찾기

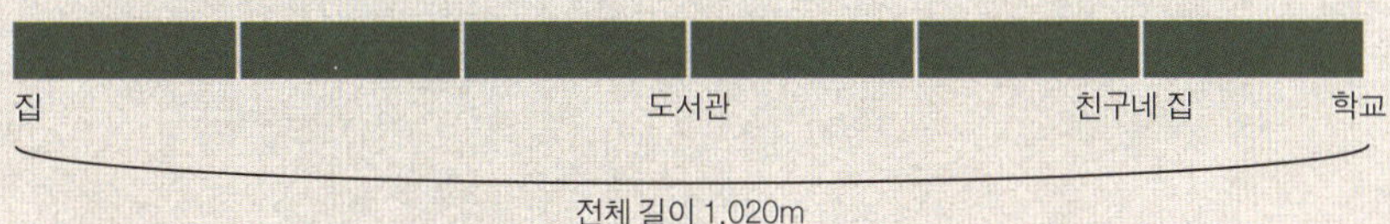

② 계획하기

: 그림으로 해결하기

③ 문제 계획 실행하기

1020÷6 = 170, 170 × 2 = 340

④ 반성하기

: 도서관에서 친구네 집까지의 거리가 340m일 때, 두 칸의 크기가 340m이므로 한 칸의 크기는 170m이다. 따라서 집에서 학교까지의 거리는 170×6=1,020m이다.

A1 집에서 학교까지의 최종 거리는 1,020m이다. 이것을 6으로 나누면 한 칸의 거리가 170m이다. 도서관에서 친구네 집까지의 거리는 두 칸이므로 170×2=340m이다.

도서관에서 친구네 집까지의 총 거리는 340m이다.

Q2 다섯 사람이(A~E) 모여 자신이 좋아하는 운동 종목을 이야기하고 있다. 다섯 사람이 서로 다른 운동을 좋아한다고 할 때 어떤 운동 종목을 좋아하는지 알아 맞춰보자.

① A사람 : 나는 축구와 야구 중에 하나를 좋아해.
② B사람 : 나는 배구와 탁구는 좋아하지 않아.
③ C사람 : 나는 배구나 탁구 중에 하나를 좋아해.
④ D사람 : 나는 탁구를 좋아하지 않아.
⑤ E사람 : 나는 야구를 좋아해.

★가장 먼저 해결할 수 있는 순서

	축구	농구	배구	야구	탁구
A	V			V X	
B			X	X	X
C			V	X	V
D				X	X
E	X	X	X	O	X

제일 먼저 가능하지 않은 부분을 ×표시하고, 가능성이 있는 부분은 v 로 표시해 둔다. 그리고 E는 야구를 좋아한다고 했으니 야구를 제외한 가로, 세로를 모두 ×로 표시한다. 그렇게 되면 A는 야구에 가능성이 있었지만 E사람이 야구를 좋아한다고 했기 때문에 A사람의 야구는 ×로 다시 표시되며 자연스럽게 A는 축구를 좋아하게 된다.

	축구	농구	배구	야구	탁구
A	O			X	
B			X	X	X
C			V	X	V
D				X	X
E	X	X	X	O	X

	축구	농구	배구	야구	탁구
A	O	X	X	X	X
B	X	O	X	X	X
C	X	X	V	X	V
D	X	X	O	X	X
E	X	X	X	O	X

다시 A를 기준으로 가로, 세로를 ×로 표시하면 B는 농구를 좋아하고 있다는 것을 알게 되고 다시 농구의 아랫줄을 ×로 표시하면 D는 배구를 좋아하는 것을 알 수 있다. 이제 마지막으로 **C는 탁구를 좋아한다**는 것을 알게 된다.

	축구	농구	배구	야구	탁구
A	O	X	X	X	X
B	X	O	X	X	X
C	X	X	X	X	O
D	X	X	O	X	X
E	X	X	X	O	X

A2 위의 표를 보면 A는 축구를, B는 농구를, C는 탁구를, D는 배구를, E는 야구를 좋아하는 것을 알 수 있다.

Q3 주원이는 학교 장날 행사에서 고무딱지를 팔았다. 주원이가 가지고 있던 고무딱지중 가장 먼저 채원이에게 $\frac{1}{2}$을 팔고, 다음으로 승현이에게 남은 고무딱지 $\frac{2}{3}$를 팔았다. 마지막으로 일웅이에게 5장을 더 팔았다. 이렇게 모두 팔고 나니 4장의 고무딱지가 남았다. 주원이는 처음에 몇 개의 고무딱지를 가지고 있었을까?

〈 해결 방법 〉

방법 1 거꾸로 계산하기

1. 고무딱지를 모두 팔고 남은 수 : 4장
2. 일웅이에게 팔기 전의 수 : 5+4=9장
3. 승현이에게 팔기 전의 수 : 9장은 남은 카드의 $\frac{1}{3}$에 해당하므로 9×3=27장
4. 채원이에게 팔기 전의 수 : 27장은 남은 카드의 $\frac{1}{2}$에 해당하므로 27×2=54장

방법 2 그림으로 그려서 해결하기

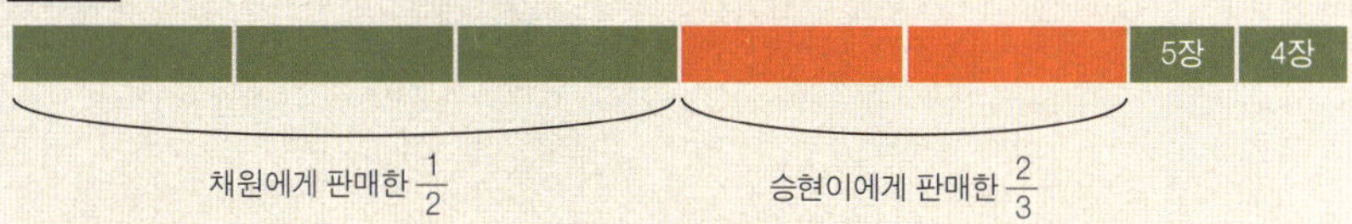

A3 한 칸의 고무딱지 개수는 $\frac{1}{6}$에 해당하는 9장이므로 전체는 6×9=54장이 된다. **주원이가 처음에 가지고 있던 고무딱지의 갯수는 총 54장이었다.**

04 나만의 수학 학습 스타일을 찾아라

1. 교과 선행 VS 사고력 수학

사고력 수학이라고 들어 보았는가? 아직도 교과 선행이 만연한 우리의 교육 현실에서 사고력 수학이 떠오르고 있다. 단순히 학습 진도와 성적 향상을 위한 교육 선행에서 벗어나 깊게 생각하고 응용할 수 있게 만드는 것이 사고력 수학의 핵심이라 할 수 있다.

우선 교과 선행 수학과 사고력 수학이 어떻게 다른지 비교해 보자. 교과 선행 수학은 말 그대로 교육 과정을 따라서 수학 교과 개념을 학습하는 것이다. 해당 학년이 되면 50% 이상이 이해하고 활용 가능한 내용으로 구성되어 있기 때문에 개념 중심이고, 비교적 쉬운 편이다. 이에 비해 사고력 수학은 교과 순서와 일치하지 않고 주제 중심으로 구성된 연관 문제를 풀게 된다. 다양한 풀이 과정이 가능하지만, 그중에서 가장 효율적으로 문제를 푸는 방법을 선택하여 해결하도록 유도한다. 어떤 사람들은 기본 수학과 심화 수학으로 교과 수학과 사고력 수학을 분류하기도 한다.

아마 초등학생 자녀를 두었거나 어떤 수학 학원을 선택할지 고민한 학부모라면 한 번쯤은 윤석이네 집과 같은 고민을 해 보았을 것이다(사례 16). 확실히 요즘은 사고력 수학이 대세이다. 사고력 수학을 하는 전문 학원

윤석이이네 집 이야기

윤석이는 이제 4학년이 되었다. 윤석이의 엄마는 나름 정보력이 좋다고 자부하고 교육적 가치관도 있는 편이어서 아이를 이 학원 저 학원으로 힘들게 돌리거나 하지 않고 본인의 의지대로 윤석이만의 교육을 하고 있다. 하지만 초등학교 4학년이 되면서 본인도 모르게 마음이 조금씩 조급해지고 있다는 사실을 발견하곤 한다.

주변의 다른 친구들은 벌써 선행학습을 어디까지 끝냈느니. 어느 사고력 수학 학원을 다닌다느니……. 엄마들끼리 모이면 이야기의 중심은 어느새 아이들의 교육과 학원 이야기로 채워지곤 한다.

본인의 가치관대로 윤석이를 교육시키고는 있지만 혹시나 이러다가 다른 아이들보다 뒤처지는 것은 아닌지 은근히 불안하다. 교육 관련 인터넷 블로그나 카페를 검색해 보아도 윤석이의 진도는 확실히 다른 아이들에 비해 늦었다.

교육 관련 블로그나 카페를 오래전부터 관찰해 왔던 윤석이 엄마는 요즘 대세인 '사고력 수학'에 관심을 갖고 있다. '실제로 사고력 수학을 하고 나서 수학 성적이 좋아졌다.', '수학적 흥미가 없던 친구가 수학적 동기와 흥미를 갖게 되어 재미있어 한다.'라는 답글을 보니 호기심이 생겼다.

하지만 그와 반대로 어떤 경우에는 '사고력 문제가 너무 어려워 아이들이 지치는 경우도 있다.', '학교 성적이 기대했던 것만큼 오르거나 하지는 않았다.'라는 답글도 많이 보였다. 오히려 교과 선행학습이 더 좋다는 의견, 아니다 사고력 수학이 더욱 좋다는 의견 등 그야말로 의견이 분분하다.

이제 수학 학원을 하나쯤은 보내야 할 것 같은데 어느 학원을 보내야 할지 윤석이 엄마는 머리가 더 복잡해져 쉽게 결정을 내리지 못하고 있다.

도 많이 생겨났으며 동네의 작은 보습학원도 사고력 수학이라는 표현을 의무감처럼 붙여놓았다. 불과 몇 년 전만 해도 설명하기도 어려웠고 알아듣기도 어려웠던 사고력 수학이 이제는 우리 아이들의 교과서에도 들어와 있음을 알 수 있다. 그리고 실생활 활용 수학을 적용하게 되면서 사고력 수학의 중요성은 아무리 강조해도 지나치지 않게 되었다.

사고력 수학에서는 문제를 충분히 이해한 뒤 나름대로 찾은 해결 방법과 스스로 만들어 낸 식을 논리적으로 적는다. 이 과정에서 교구를 사용하기도 한다. 문제를 풀어내는 방법에는 여러 가지가 있다. 또 강의식보다 토론식으로 다양한 문제 해결 방법을 함께 찾고, 서로 간의 오류를 지적해 주거나 친구의 방법에서 힌트를 얻어 합리적이고 창의적인 해결법을 찾을 수도 있다. 사고력 수학은 확실히 수학으로서의 기능뿐 아니라 다양한 사고를 할 수 있게 구성되어 있으며 나아가 융합적 요소까지 갖추고 있다.

그럼 교과 학습은 어떨까? 사고력이나 교구 수업 등이 나타나기 전까지만 해도 유일한 수학 학습 방법이었다고 볼 수 있다. 아무리 새로운 수학 학습 방법이 많이 생겨났다 하더라도 아직까지 사랑받고 있으며 많은 학생이 이러한 형태로 수학 공부를 하고 있다.

교과 수학은 단원별로 나열된 내용에 대한 강의를 듣고, 배운 내용을 대입하여 문제를 풀고 좀 더 심화된 문제를 푸는 식으로 학습한다. 학교나 보습학원에서는 비슷한 내용을 반복하고, 답을 계산해 내는 과정에서 실수를 최소화하는 것을 목표로 공부한다. 또 정답이 정해져 있고, 정답을 계산해 내는 과정도 정해져 있어서 이해가 가지 않으면 저학년 때는 풀이 과정을 외울 수도 있다. 간혹 필자는 학부모들에게 이런 질문을 받곤 한다.

"사고력 수학과 교과 선행학습 중 어떤 것이 더 좋을까요?"

개인적으로 참 어려운 질문이다. 결론부터 말하자면 '사고력 반, 교과 반'이라고 답할 수 있다. 너무 시시하거나 실망스러운 답변일 수 있지만 분명 요즘은 두 가지 형태의 학습 방법이 적절하게 상호 작용하며 이루어져야 한다.

그런데 여기서 그 분배를 세분화시키면 학년의 차이에 따라 조금씩 달리

적용해야 한다는 것이다. 예를 들어 초등학교 저학년 때는 사고력을 위주로 하고 고학년이 되면 점점 교과 학습을 병행하면서 비율을 5:5로 유지한다. 그러다가 중학교 고학년일 때는 교과의 비중을 더 많이 해 주는 것이 좋다.

이 비율은 또다시 학생의 학습 성취도에 따라 달라질 수 있다. 성취도가 낮은 학생들은 저학년이라도 사고력과 함께 교과를 병행해 주는 것이 좋을 것이고, 만약 성취도가 정말 우수한 학생이라면 교과 선행 심화 진도를 조금(충분히 따라갈 수 있는 수준) 빨리 해 주는 것이 좋다.

사고력 수학의 특성상 성취도가 낮은 학생이 접했을 경우에는 문제의 난이도 때문에 초반에 무척 힘들어할 수 있다. 또 사고력 수학 성취도나 결과물이 좋지 않게 나오는 경우도 많이 발생한다. 그렇기 때문에 사고력 수학을 한다고 전적으로 믿기보다 학생의 이해도나 성취도를 잘 확인하여 그 단원에서 꼭 필요한 교과 학습을 같이 병행해 주는 것이 좋다. 사고력 수학은 기본적인 교과 학습이 어느 정도 이루어지고 있는 학생들에게 더욱 효과적인 수학 학습 방법일 것이다.

교과 학습과 사고력이 주는 학습적 효과는 어느 정도 차이를 보이는 것이 사실이다. 교과 학습이 나쁘고 사고력이 우수하다고 말할 수는 없지만 교과 학습에 주의해야 할 점이 있다. 엄밀히 말하자면 과도한 선행학습이 문제이다. 특히 요즘은 선행학습이 유행처럼 번지고 있으며 이에 질세라 각 학원들은 현재 과정을 어디까지 끝내 주었다며 자랑처럼 이야기를 한다.

그러면 과연 아이들도 모두 그 내용을 이해하고 있을까? 절대 아니라고 생각한다. 성실하게 차근차근 진도를 밟고 있는 학원도 많이 있지만 이처럼 보여 주기식으로만 운영하는 학원도 많이 있음을 잘 기억하고 현혹되지 않기를 바란다.

　수학은 '약속'으로 이루어진 학문이다. 우리가 태어나기 전부터 '그렇게 하자.'라고 약속했기 때문에 지금까지도 그렇게 문제를 이해하여 해결한다. 또한 수학은 극한의 양면성을 지니고 있는 학문이기도 하다. 수학은 그 어떤 학문보다 논리적이고 체계적으로 사고를 해야만 해결할 수 있는 문제가 있는가 하면 또 어떤 면에서는 고지식한 부분이 없지 않아 있다.

　수학적 약속과 관련된 예를 들어 보기로 하자.

$60-(2+3)\times7=25$

　누구나 간단히 해결할 수 있는 혼합 계산 식이다. 가장 먼저 무엇을 해결하였는가? 당연히 (2+3)을 먼저 해결했을 것이고, 다음으로는 5×7을 했을 것이다. 혹시, (2+3)을 왜 먼저 계산했는지 논리적으로 설명할 수 있는가? 아마도 거의 없을 것이다.

　이렇게 수학은 원래 그래왔기 때문에 그냥 그렇게 할 수 밖에 없는 부분이 존재한다. 군이 수학 문제를 예로 들지 않더라고 우리가 기억하고 있고 배워왔던 대부분의 수학은 이런 모습을 하고 있다.

　그럼, 이제 잘 생각해 보기 바란다. 미취학 아동, 초등학교 저학년 시기에는 수학에 대한 호기심, 유의미한 경험을 만들어 주어야 한다. 만약 당신의 자녀가 특히 저학년이라면 무작정 외우게만 하는 깡패식 공부 방법으로 수학을 만나게 해 주고 싶은가, 아니면 논리적 사고를 할 수 있는 수학을 만나게 해 주고 싶은가. 더불어 가급적 저학년이라면 사고력 수학을 접할 수 있는 기회를 주는 것이 좋을 것이다.

2. 수학적 사고력이 뛰어난 아이

수학적으로 사고력이 뛰어난 아이의 경우 새로운 유형의 문제나 복잡한 문제 해결 과정을 즐긴다. 자신에게 도전 과제가 주어졌을 때 그것을 해결하고, 칭찬 등의 보상을 받는 과정을 통해 사고력을 키워간다. 수학적으로 사고력이 뛰어난 아이에게 강의식이나 주입식의 교육을 하거나, 평범한 그룹 안에 놓아두는 것은 아이의 사고력 계발을 저해하고 심한 경우에는 수학에 대한 흥미도 떨어뜨릴 수 있다.

단 수학적인 사고력이 뛰어난 아이 중에는 교과 수학에서 실수를 많이 하거나 연산 자체에 흥미를 느끼지 못하는 경우도 있다. 하지만 그런 문제가 반복적인 습관으로만 이어지지 않는다면 크게 걱정하지 않아도 된다.

수학과의 교수 학습에는 문제를 명확히 이해하고 합리적인 해결 계획을 세워 실행하며, 반성을 통하여 풀이 과정을 점검하고 다양하게 활용하는 태도를 길러야 한다고 나와 있다. 이를 실생활에 적용하여 여러 가지 문제를 해결해 봄으로써 수학의 필요성과 유용성을 인식하는 경험을 쌓아가야 한다. 단순히 수학을 학원이나 학교에서 학습하는 것이 아니라 실생활에서도 즐길 수 있도록 유도해야 한다. 이는 처음에는 엄마의 몫이 되겠지만 시간이 지날수록 아이 스스로가 해 나가는 모습을 볼 수 있을 것이다.

3. 수학적 사고력은 어떤 방법으로 계발되는가?

포가티(Fogarty)의 교과 간 통합 유형을 살펴보면 거미줄 모형(Web bed Model)에서 사고력 계발의 실마리를 찾을 수 있다. 거미줄 모형의 내용 중 한 구절을 인용해 보면 다음과 같다.

'다양한 학습 내용이 하나의 주제를 중심으로 재구성됨으로써, 전체를 관망할 수 있는 광범위한 시야를 제공하며 풍부한 주제가 교육 과정 내용으로 조직된다.'

사고력 계발은 거미줄 모형처럼 지식과 지식을 서로 연결해 나가는 과정이라고 생각하면 된다. 거미줄에 맺혀 있는 물방울은 머릿속에 있는 개념이며 거미줄은 그 개념들을 서로 연결하고 있다. 거미줄 모형은 누가 보더라도 안정적이고 조직적으로 엮여 있다. 만약 새로운 문제가 발생되더라도 여러 개념들을 서로 유기적으로 조직화하여 새로운 답안을 제시할 수 있다.

이렇게 개념을 중심으로 지식을 서로 연결하여 그 역량이 최상위가 된다면 전체를 관망할 수 있는 시야를 갖게 된다. 개념을 이어 나가는 거미줄은 다양한 문제를 해결해 나가는 과정 속에서 형성되고 연결된다.

수학은 본질적으로 스스로가 문제를 해결하지 않으면 성취도를 이루기 어려운 학문이다. 그래서 반드시 문제를 해결해 나가는 과정 속에서만 성장할 수 있으며 개념과 개념을 서로 연결하는 사이에 문제가 있어야만 하는 것이다. 반면 교과형 수학 문제는 단순한 연계형이라고 생각하면 된다.

아래 그림처럼 교과형은 지식의 구성이 한 방향으로만 전개되어 같은 개념, 유사한 개념이 아니면 서로 다른 지식을 구성하기가 쉽지가 않다.

이런 모형의 수학 학습은 KMO나 경시대회처럼 어떤 목적성을 갖고 매진하는 학습 스타일이다. 그렇기 때문에 다른 다양한 개념들을 탐구하기보다는 시험에 최적화된 학습 유형이다. 이런 이유로 저학년 때 이런 학습을 한다는 것은 큰 무리가 있을 수 있다.

쉬운 일은 아니지만 진정한 사고력 수학의 능력자는 서로 다른 개념의 문제가 있더라도 스스로 지식을 구성할 수 있는 능력과 함께 해결 방법을 한 가지 이상 제시할 수 있어야 진정한 사고력 수학의 최고라고 말할 수 있다.

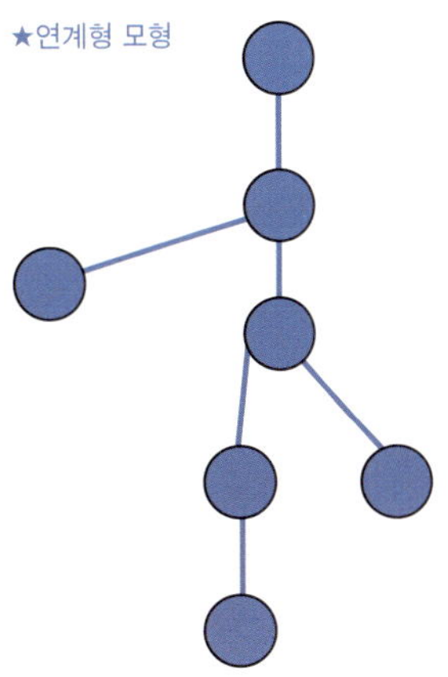

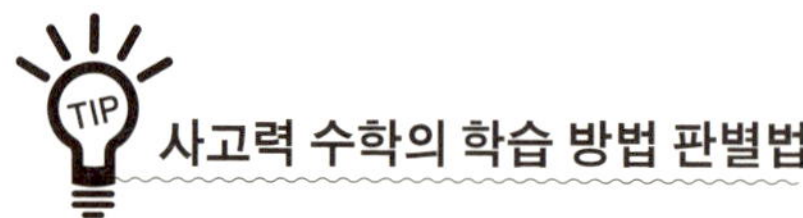

사고력 수학의 학습 방법 판별법

1. 주어진 문제에 답이 다양한가? 서술형 문제와 사고력 문제는 전혀 다름을 명심하자!

다양한 해결 과정이 가능하면 사고력 문제이고, 식도 한 가지, 풀이 과정도 한 가지이면 서술형 문제이다. 일반적으로 강의식으로 사고력반을 만들어 수업하는 경우 서술형 문제를 사고력으로 알고 수업하는 경우가 많은데, 이는 올바른 방법이 아니다. 사고력 문제와 서술형 문제를 구별하고 사고력을 제대로 계발할 수 있는지를 따져 보아야 한다. 또한 교재 안에서의 사고력 비중에 대해서도 살펴보아야 한다. 사고력이 대세이기 때문에 교과 문제 끝에 사고력을 조금 넣고 사고력 교재라고 타이틀을 다는 경우가 많기 때문이다.

2. 토론식으로 진행하는가?

사고력 수학 영역에는 다양한 답이 있기 때문에 강의식으로 진행하면 사고력을 제대로 계발할 수 없다. 그저 강의하는 사람의 문제 해결 방법을 그대로 모방하거나 암기할 뿐이다. 이렇게 하면 교과 수학과 다를 것이 없다. 결국 사고력은 토론을 통해서만 계발되며 의견 교환을 통해 합리적인 문제 해결 방법을 발견할 수 있다.

3. 문제에 논리적으로 접근하여 해결 과정을 서술하도록 지도하는가?

서술형은 계산 과정을 순서대로 적는 것이고 정해진 답이 있다. 반대로 사고력 문제는 문제를 해결할 수 있는 자신만의 식을 만들고, 그렇게 식을 세우게 된 논리적인 이유를 쓸 수 있어야 한다. 식만 잘 표현했다면 답을 구하는 계산 과정은 서술 내용에서 빠져 있어도 전체 점수에 크게 상관이 없다. 따라서 자신의 생각을 효율적으로 표현할 수 있는 훈련이 함께 진행되어야 수학적 사고력이 제대로 계발될 수 있다.

4. 저학년일 때 교구를 많이 사용하는가?

우리나라의 수학, 과학 교육 과정의 근간을 이루고 있는 피아제(piajet)의 교육 이론에 따르면, 초등학교 학생들은 구체적·조작적 사고기에 있으므로 학생들은 현실 상황에서 직접적으로 관찰하고, 구체물이나 반 구체물을 이용한 구체적 조작 활동을 통해서만 사고할 수 있다.

최근 수학에서 사고력을 중요하게 다루면서 '사고력 수학' 하면 흔히 교구를 떠올리는 이유가 바로 이 때문이다. 아이들의 수학적 사고력을 계발하려면 저학년 때는 구체적인 조작 활동이 가능한 수학 교구를 이용해야 한다. 수학 교구라면 유아기에 흔히 구입하는 탱그램, 지오보드, 수 블록 등이며 이들을 이용하면서 수학을 놀이로서 즐겨야 한다.

이러한 아이들이 커서도 수학을 좋아하고 수학적 사고력이 더 잘 계발되는 이유는 문제를 맞닥뜨렸을 때 문제를 해결하기 위한 그림이 자신의 경험을 바탕으로 머릿속에 잘 그려지기 때문이다. 반대로 문제 풀이 중심의 연산만 반복한 아이들은 주관식 문제만 나오면 어려워하는데 문제를 읽어도 머릿속에 아무런 그림이 그려지지 않는다. 이러한 경우 아이는 수 자체를 생활에서 경험으로 받아들이기보다 글자 자체로 외워서 문제를 풀기 때문에 학년이 올라갈수록 수학이라는 학문을 어렵고 힘들게만 느끼는 것이다.

5. 사고력은 양이 아닌 질로 따져야 한다.

사고력 수학 시간은 머리를 많이 써야 하기 때문에 주중 2~3회 등 수업 시수가 많으면 아이는 질리거나 처음에 힘들어할 수 있다. 따라서 질적으로 좋은 문제를 효율적으로 함께 해결해 가면서 아이에게 부담을 주지 않는 정도로 진행되어야 한다. 이를 통해 사고력 문제에 대한 자신감을 잃지 않도록 해야 한다. 교과 문제 끝에 사고력을 넣어 주면 아이는 어렵다고만 느끼기 때문에 별표를 하고 자신감을 잃기 쉬우므로 사고력 전문 학원을 통해서 별도로 계발하는 것이 좋다.

수학에서 벗어난 수학 공부하기

어릴 때부터 수학은 경험과 체험, 느낌이 아닌 암기와 문제 풀이로 기억되기 때문에 점점 어려워지고 부정적인 이미지가 생겨난다. 게다가 상위 특목중·특목고를 가기 위해 지나치게 목표 지향적 학습으로 진행되어 아이들은 점점 더 수학을 힘들어하고 지쳐 간다. 이 파트에서는 수학이 아이들에게 친근하게 다가갈 수 있도록 자연스럽지만 수학적 개념이 충실한 소재를 소개한다.

01 실생활에서 수학을 활용하다

▶▶▶ 수학의 모든 문제를 실생활과 연결하여 해결하기는 쉽지 않겠지만 자세히 살펴보면 수학만큼 실생활과 연계성이 깊은 분야도 많지 않을 것이다.

"이걸 배워서 어디에 써?"

"학교에서 배운 수학은 필요가 없어!"

이젠 이런 말은 접어 두기로 하자. 수학적으로 바라보고 수학적으로 생각하면 수학은 우리 주변에 항상 존재한다는 것을 알 수 있다. 우리는 또 그 수학적 요소들을 이성적 체험보다는 감성적 체험을 통해 응용하며 살아가고 있다.

✓ 로또나 복권은 어떠한가? 온 국민이 누구나 알고 있는 확률 게임이다.

✓ 고속도로를 시속 100km/h로 달리면서 우리는 무의식적으로 생각한다. 목적지까지의 거리가 약 200km이니 2시간 정도 걸리겠군.

✓ 내일 프랑스로 여행을 가는데 우리나라가 프랑스보다 8시간이 빠르고 만약 비행 시간이 12시간이라면 15일 오후 6시에 출발하면 현지 도착 시간은 15일 오후 10시가 되겠군.

✓ 만약 오늘 새롭게 시작되는 연인이 있다고 가정하자. 집으로 돌아와 달력을

보니 4월 10일이었다. 그렇다면 100일 뒤는 며칠일까? 날짜를 하나씩 세기보다 30 단위로 묶어서 세는 것이 훨씬 빠를 것이다. 4월의 남은 일수는 20일, 5월은 31일, 6월은 30일, 위의 날 수를 더하면 81일이 되고 그럼 7월의 19일만 더하면 100일 기념일을 쉽게 찾아 낼 수 있다.

우리는 이렇듯 일상생활을 하면서 무의식적으로 무언가를 계산하고 예상할 수 있다. 아니면 의도적인 계산을 통해 앞으로 전개될 상황이나 가능성을 추측할 수 있다. 그렇기 때문에 생활 속에서 발견할 수 있는 소재는 교과서의 수학보다 더욱 중요하고 다양성이 무궁무진하다고 볼 수 있다.

02 이제는 융합교육이 대세이다

▶▶▶ 시대가 요구하는 인재상은 항상 꾸준히 변화하며 발전하고 있다. 과거 10~20년 전만 하더라도 학교나 회사에서는 공부를 잘하고 윗사람의 지시에 잘 따르는, 소위 말해 모범생 스타일을 좋아했다.

하지만 지금은 어떠한가? 최근 대기업을 비롯하여 많은 회사가 예전처럼 '범생이 스타일'을 선호하지 않는다. 오히려 개성 강하고 톡톡 튀는 발상을 갖추고 있는 사람들을 찾고 있다. 우리는 그것을 일명 '창의성'이라고 말한다. 앞으로 10~20년 후의 미래 사회는 어떤 모습이며 그 사회에 부합하는 인재상은 어떤 것일까? 미래 사회의 'Key Word'는 다음과 같다고 볼 수 있다.

✓ 가상 현실(증강 현실)

✓ 인공지능 사회

✓ 꿈과 감성의 사회

✓ High Concept : 예술적 미와 감정의 아름다움을 창조하여 가치를 창출해 내고, 관계가 없어 보이는 아이디어를 결합하여 새로운 것을 창조해 내는 능력

✓ High Touch : 다른 사람과 공감하고, 긍정적인 인간관계를 유지하며, 자신과 다른 사람의 즐거움을 생산하고, 관계에서의 목적과 의미를 발견하는 능력

그리고 몇 가지의 자료들을 살펴보면 앞으로의 미래 사회와 그 시대가 요구하는 인재상은 대략 이러하다.

★미래 사회 5대 특징과 준비 과제(한국정보화진흥원, 2009)

미래 사회의 특징	바람직한 미래 창출을 위한 준비 방향	미래 준비 과제
경쟁 심화 (무한 확장, 무한 경쟁)	창조적인 역량 증진	• 미래 지향적 사고, 유연성을 갖춘 창조적 인력 육성 • C&D(Connect&Development), 개방형 혁신으로의 전환 • 협력적 창조의 발전을 위해 창작과 활용 권리의 선순환 구조 정립
개인화, 다원화 확산	사회적 밸런싱의 유지	• 분권화, 네트워크화, 국제화를 지향하는 뉴거버넌스 확립 • 수평적·횡적인 '연관'의 새로운 사회 질서 수립 • 온라인 공청회 등 협력적 의사 결정 체계 구축 • 새로운 취약 계층과 격차 해소를 위한 법제도적 장치 마련
가상 공간의 가치 증대	가상 공간의 신가치 창출	• 버추얼 오션(Virtual Ocean)에 주목 • 사이버 국토 건설을 위한 국가 차원의 투자와 준비 • 사이버 영토와 사이버 라이프를 위한 법제도적 장치 마련
디지털과 휴머니즘의 결합	인간 중심으로 기술 진화	• 디지털과 휴머니즘이 결합된 새 패러다임의 비전 제시 • 휴머니즘 실현을 위한 기술과 인간의 소통 수단 마련 • 인간과 기술의 컨버전스에 대한 사회적 연구 확대
사회적 자본으로써 '신뢰'의 강화	사회 발전의 새로운 엔진, '신뢰' 구축	• 사회적 자본으로서 신뢰 강화 • 경제 활성화를 위한 신뢰 기반 확립 • 새로운 경제에 따른 감시와 프라이버시 침해 분쟁 해결

★미래 사회 특징과 동향(오헌석, 2012) 및 주목할 가치(한국정보화진흥원, 2011)

분야	특징	미래의 주목할 가치
사회	• 인구 구조 변화 • 수명의 증대 • 양극화	
기술	• 네트워크 사회 구축 • 인공지능/로봇 시대 • 유전학의 발전	• 오피니언 리더 : 행복, 지속가능성, 　정의, 공정성, 창의력, 상상력 • 시민이나 개인 주체 : 역량 강화 • 정부 : 중재하고 링크하는 능력 • 기업 : 착한 기업으로의 변모
경제	• 아시아 시장 • 감성/복지/건강 • 적극적 프로슈머 증가	
환경	• 기후 변화 및 환경오염 • 에너지 위기 • 물에 대한 주목	
정치	• 세계화/다문화 • 권력이 개인으로 이동 • 안전에 대한 위험 증대	

★국내 주요 30개 대학의 미래 인재의 역량(오헌석, 2012)

순위	미래 인재의 역량
1	창의, 창조
2	글로벌 의식, 리더쉽, 책임감
3	진리 탐구, 지성, 지혜, 합리
4	도전의식, 개척의식, 열정, 성실
5	소통, 융합, 인성, 지덕체, 존중
6	다양성, 윤리, 예술, 봉사, 헌신

미래 인재상을 한마디로 정리하면 전문적인 지식과 함께 창의성을 갖추어 타인과 소통하며 융합적·인적 네트워크를 형성할 수 있는 사람이라 말할 수 있다. 전문적인 지식이 있으며 창의성까지 갖추고 소통도 잘하는 사람이 있을까 싶을 정도로 미래의 인재상은 복잡하고 근접하기 어려워 보인다.

하지만 실제로 성인이나 학생들이 일상에서 접할 수 있는 문제 상황은 교과서에서 배우는 개념이나 문제보다 더욱 복잡하다. 또 한 분야의 지식이나 개념만을 필요로 하는 경우가 아닌 좀 더 다양하고 복잡한 구조를 갖고 있다. 이 책에서 꾸준히 말하고 있는 실생활 위주의 문제 상황들이 더욱 중요하게 여겨지는 이유이다.

우리나라는 '2011년 교육과학기술부의 업무보고 자료'를 통하여 '교육과 과학기술의 융합 시너지를 활용한 체계적 과학기술 인재 양성'이라는 목표를 세우며 처음으로 STEAM 교육 정책을 발표했다.

STEAM이라는 단어를 들어 본 사람도 있겠지만 아직 STEAM이라는 표현이 생소하게 느껴지는 사람도 있을 것이다. 그렇다면 과연 STEAM은 무엇일까?

03 STEAM(융합인재교육)이란 무엇인가

▶▶▶ S는 과학의 Science, T는 기술의 Technologe, E는 공학의 Engineering, A는 예술의 Art, M은 수학의 Mathematics를 의미한다. 보편적으로 STEAM, 또는 융합인재교육이라는 단어로 많이 표현하고 있다. 융합인재교육은 창의(Creativity), 소통(Communication), 내용 융합(Convergence), 배려(Caring)라는 핵심 가치를 추구한다.

하지만 STEAM은 위에서 언급한 바와 같이 다섯 가지의 영역으로 한정되어 있으므로 개인적인 생각으로는 융합인재교육이라는 표현이 더욱 잘 어울릴 것이다(이하 STEAM이라는 표현보다는 융합인재교육이라 표현한다.). 융합인재교육의 구성 요소는 상황 제시, 창의적 설계, 감성적 체험으로 구분한다.

우리나라의 영재 교육이 외국의 사례로 적용된 것처럼 STEAM 교육도 선진국에서는 이미 보편화되어 있는 교육의 형태이다. 또 간혹 교육 관련 다큐 프로그램에 소개되기도 했다.

외국에 사례를 간단히 살펴보면 미국의 교육이 STEM 교육이라고 말할 수 있다. 우리나라와 다른 점이 있다면 Art의 A가 빠져 있다는 것이다. 그 밖에도 영국, 핀란드, 대만, 이스라엘과 같은 나라에서 STEM 교육 또는 이와 유사한 교육을 하고 있다.

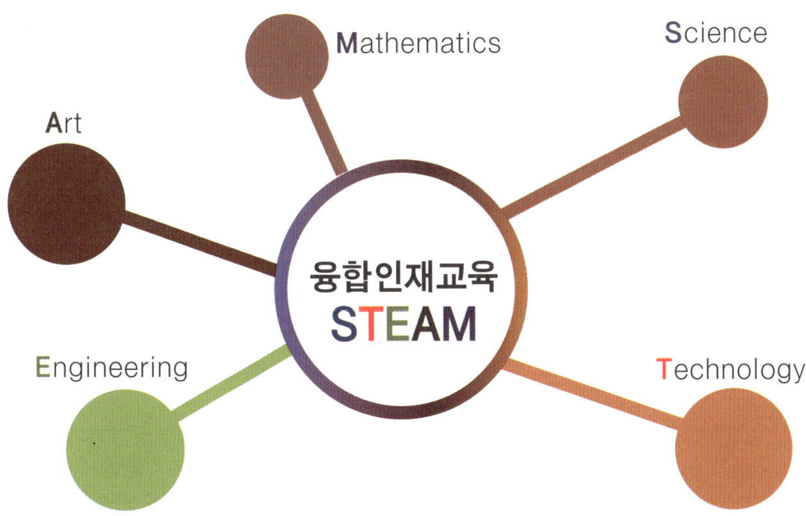

특히 핀란드의 교육은 우리나라에도 책이나 다큐 등을 통하여 많이 소개되었으며 이를 통해 교육적 수준이 상당히 높은 나라라는 것을 알 수 있다.

그럼 왜 우리나라는 융합인재교육을 선택했을까? 우리나라 학생들은 수학, 과학의 성적이 세계에서도 상위권을 차지하고 있다. 하지만 깊이 파

★융합인재교육의 학습 준거

상황 제시	일상생활에서 발생할 수 있는 상황이나 문제들을 발견하여 그 문제를 해결하고자 하는 욕구나 문제의식을 갖게 하는 것을 의미함
창의적 설계	만약 '나'라면 이 문제 상황을 어떻게 해결을 하면 좋을지에 대한 고민과 함께 탐구 대상의 특징, 장 · 단점 등을 파악하여 나만의 창의적인 방법을 통한 자기주도적 해결 방법의 설계를 의미함
감성적 체험	성공의 기쁨을 통해 흥미와 동기 유발을 재생산해 내는 것으로, 새로운 문제에 도전하고자 하는 열정을 의미함

고들면 문제점이 보인다. 우리나라 학생들에게 "'정의적 특성'으로서의 수학, 과학이 재미있고 즐거운가?"라고 물어으면 대부분이 "아니오."라고 대답한다.

융합인재교육의 가장 근본적인 취지는 수학, 과학 과목에 대한 긍정적 자신감 회복과 자기주도적 학습을 이루는 것에 있다. 나아가 그러한 자기주도적 학습을 통하여 창의성, 인성, 지성, 감성의 균형 있는 발달과 함께 문제 해결력을 키워 생활 속의 문제들을 해결하며 타인과 소통할 수 있는 능력을 향상시키는 데 그 의의가 있다.

04 수학에서 융합인재를 만들다

▶▶▶ 현재까지 융합인재교육은 과학 과목을 중심으로 하여 이루어지고 있다. 과학을 중심으로 타 과목들이 조금씩 붙는 형식을 취하고 있으며 아쉽게도 아직까지는 수학을 중심으로 한 융합인재교육의 콘텐츠가 그리 많지는 않다.

수학에서의 융합이야말로 수학적 호기심이나 흥미를 주는 데 있어 매우 적합한 학습 형태이다. 실제로 수업에서 똑같은 확률의 개념을 공부하더라도 접근 방식의 차이가 아이들의 지적 호기심을 더욱 많이 자극한다는 것을 알 수 있다.

사람이든 음식이든 첫 인상이 중요하다. 수학도 첫 개념을 어떻게 받아들이느냐에 따라 아이들의 반응, 그 이후의 학습 몰입도에 큰 차이를 보인다. 필자가 초등학생들과 확률을 공부할 때 개념 형성을 위해 가끔 하는 게임이 있다. 뒤에서 소개할 몇 가지 간단한 게임은 확률에 대한 접근과 이해를 쉽게 만들어 줄 것이며 이를 수학적으로 다시 접근하면 큰 어려움 없이 이해할 수 있을 것이다.

이런 과정을 한 번 경험하면 아이들은 확률에 대해 '궁금하다', '신기하다', '더 알고 싶다'라는 반응을 보인다. 그렇게만 된다면 어렵고 지겹게만 수학을 스스로의 욕구에 의해 자기주도적으로 학습할 수 있다.

▶▶▶ 최근 융합과 함께 통합 교과에 대한 관심도가 높아지고 있다. 이제 학문과의 통합은 초등학교 교과서에서도 찾아볼 수 있을 만큼 더 이상 낯선 풍경이 아니다.

통합교육은 각 교과의 영역을 구분하지 않고 통합적으로 교과를 재편성하는 새로운 교육 방식이라고 말할 수 있다. 또한 통합교육 과정은 통합되는 정도에 따라 다학문적, 간학문적, 초학문적 통합교육으로 구분할 수 있다.

이미 미국이나 캐나다 같은 일부 외국에서는 통합적 수학 교과서를 사용하는데 토론이나 측정 통계처럼 학생들이 학습적 동기를 향상시킬 수 있는 주제로 구성되어 있다. 통합과 관련된 많은 논문을 살펴보면 대부분의 연구자가 통합교육은 여러 교과의 영역 구분 없이 실생활 중심으로 이루어지는 교육이라는 데 의견을 모은다.

Wolfinger & Stockard는 '통합교육 과정'이 여러 교과를 구분하는 경계를 없애고, 여러 교과 영역이 사라지는 교육 과정 구성의 한 접근 방식으로서 개념적이고 실생활 중심적인 접근법을 활용한다고 하였다.

그렇다면 융합과 통합에는 어떤 차이가 있을까? 교과를 서로 섞는다는 의미에서 두 교육 과정을 구분하기가 쉽지는 않다. 사실 가끔 주변 사람들로부터 융합과 통합의 차이점이 무엇이냐고 질문을 받을 때가 있는데 딱히 대답하기가 애매한 것도 사실이다.

필자는 융합과 통합을 이렇게 구분하고 싶다.

융합은 상황 제시, 창의적 설계, 감성적 체험의 세 영역으로 구분하여 학생들로 하여금 학습 중에 스스로 무엇인가를 탐구하고 다른 영역으로까지 응용하거나 발전시킬 수 있게 만드는 학습적 요소가 있다. 또 어떠한 결과물(산출물)을 만들어 내어 창의적 인재를 양성한다는 좀 더 명확한 학습 목표를 갖고 있다.

통합은 서로의 교과가 분절된 상태가 아닌 여러 교과가 서로 연결·관련된 상태에서 새롭게 재구성된다. 이런 예로 초등 교과에서 즐거운 생활, 바른생활, 슬기로운 생활로 나눠져 있던 교과서를 공간적 요소와 시간적 요소로 구분하여 통합 교과라는 제3의 교육 과정으로 탄생시켰다. 또한 학생들의 단편적인 지식보다는 학생들의 성장 과정에 초점을 맞추고 발전해 나가는 것을 통합의 목표로 삼는다.

융합과 통합은 학생들을 주체로 하여 수업을 구성하며 이와 함께 실생활 위주의 주제를 많이 적용한다. 이후 학생들이 성장하여 사회인이 되었을 때 실제적인 지식을 활용할 수 있는 토대를 마련하는 데 그 의의가 있다.

이렇게 통합교육 과정에서의 수학은 실생활의 소재를 중심으로 하여 주변 교과들과 연계를 이룬다. 이를 통해 수학적 흥미와 필요성을 인식하게 함으로써 수학의 정의적 특성을 높이는 데 그 가치가 있다.

확률

확률이란 일정한 조건에서 어떤 사건이나 현상에서 발생할 수 있는 가능성의 정도를 수치로 나타내는 것이다. 우리가 주변에서 가장 쉽게 생각할 수 있는 확률은 일기예보의 비나 눈이 올 확률, 복권이나 도박을 예로 들 수 있다. 그중에서 도박을 예로 확률에 대한 게임을 해 보자.

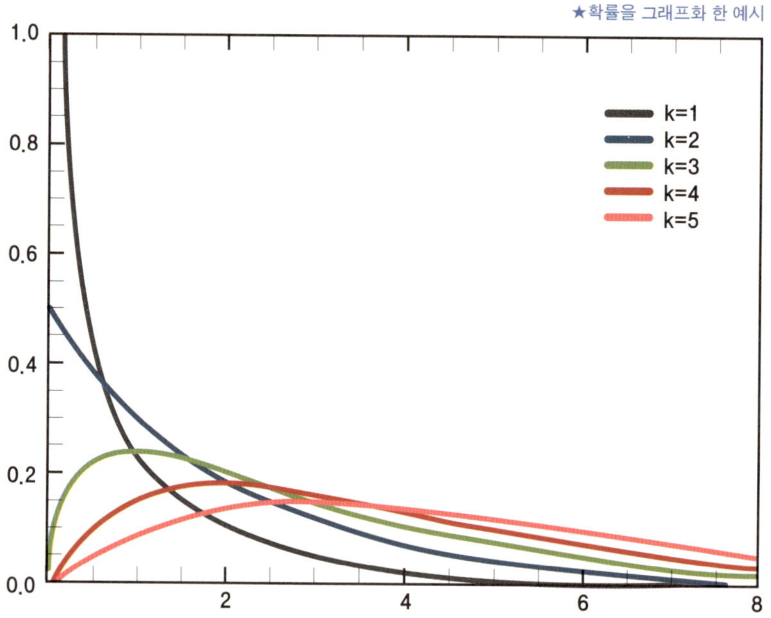

주사위를 이용한 확률 게임

이 게임의 준비물은 주사위 2개와 A4 용지 한 장이면 충분하다. 간단한
준비물만으로도 확률에 대한 감을 잡을 수 있을 것이다.

질문하기

◆주사위 2개를 동시에 던졌을 때 나올 수 있는 숫자들의 합에는 어떤 것이 있을까?

→ 당연히 아이들은 2부터 12까지 숫자가 나올 것이라고 말한다.

예상하기

◆주사위를 50번 정도 던지면 2부터 12까지의 숫자 중에서 어떤 숫자가 가장 많이 나올까?

→ 이 질문에서는 앞의 질문과 달리 특별히 많은 고민을 하지 않고 생각나는 대로 대답을 하는
경우가 많다.

 • '4가 제일 많이 나올 것 같아요.'
 • '6이 제일 많이 나올 것 같아요.'
 • '9가 제일 많이 나올 것 같아요.'

◆가장 많이 나올 것 같은 숫자 두 개와 가장 적게 나올 것 같은 숫자 두 개를 골라 적는다.

◆왜 그렇게 생각했는지 간단하게 이야기를 들어봐도 좋다.

활동하기

◆학생들이 직접 주사위를 50번 정도 던져 보도록 한다.

→ 여기서 잊지 말아야 할 것은 던졌을 때 나온 숫자들을
꼭 기록해야 한다는 것이다.

아이디어 구상하기

◆나올 수 있는 숫자들의 합을 모두 정리해야 하는데 어떤 방법으로 정리하면 좋을지 아이디어
를 구상한다.

→ (1,1), (1,2), (1,3), (1,4)……

◆학생들은 대부분 이런 식으로 정리한다. 틀린 것은 아니지만 한눈에 보기 어렵다.

반성하기

◆본인이 예상했던 결과와 수학적 확률로 본 결과에는 어떤 차이점이 있는가?

→실제로 경험한 확률과 수학적 확률을 매치시키는 단계이다.

자, 이제 주사위 던지기 활동이 끝났다면 50번에 걸쳐 나왔던 숫자들을 정리해 보자.

2는 ○번, 3은 ○번, 4는 ○번

가장 많이 나온 숫자부터 가장 적게 나온 숫자까지 순서대로 정리를 하면 좋다.

지금까지의 활동은 실제 생활에서 일어날 수 있는 생활 속 확률이라고 말할 수 있다. 앞에서도 말했듯이 확률은 어떤 상황에서 발생할 수 있는 경우나 가능성을 수치로 나타낸 것이기 때문에 예상과 실제 내가 직접 경험한 결과가 조금 다르게 나올 수도 있다.

하지만 신기하게도 실제 경험과 수학적인 계산을 통해 얻어 낼 수 있는 수학적 확률(기하학적 확률)은 거의 일치하는 경우가 많다. 50번을 더 던지더라도 그 공통점은 그리 많이 변하지 않는다.

지금까지 생활 속 확률을 경험했다면 이제는 수학적 확률을 경험해 보자. 수학적으로 실제 숫자가 나올 수 있는 숫자들의 합의 모든 경우를 정리해 보는 것이다.

여기서도 한 가지 생각하고 넘어가야 할 점이 있다. 바로 '아이디어 구상하기'이다. 아이들의 입장에서는 새로운 방법이나 형식을 생각해 내기가 쉽지 않다. 109쪽에 정리된 '아이디어 구상하기'를 보더라도 사실 새로운 방법이라고 말하기는 어렵다. 하지만 아이들의 입장에서 생각하면 분명 도움을 주어야 하는 상황이 발생한다.

아이디어 생성, 창의성에도 사전 준비 운동이 필요하다. 우리가 운동을 하기 전에 스트레칭을 하듯이 아이디어 구상이나 창의성 수업에서도 그러한 스트레칭이 필요하다. 하지만 대부분의 교사들은 본인도 어찌 해야 할지 몰라서 아이들에게만 생각하라며 강요 아닌 강요를 하는 경우가 종종 있다. 이 부분은 교사들도 각별히 주의해야 할 점이다. 학생들이 너무 막연하게 생각한다면 교사가 어느 정도의 범위를 주면서 발문을 통해 생각해 낼 수 있도록 지속적인 피드백을 주어야 한다.

그럼 다시 앞의 상황으로 돌아와 한눈에 보기 편한 표로 정리해 보자.

	1	2	3	4	5	6
1						
2						
3						
4						
5						
6						

가로, 세로에 1~6까지의 숫자를 쓰고 빈 칸에는 각 숫자들의 합을 기록한다. 너무 쉬운 방법이지만 이렇게 기록해 보는 과정은 생활 속의 수학과 비교를 하기 위한 것이므로 무척 중요하다. 빈 칸의 내용을 정리해 보면 다음과 같다.

주사위 2개를 던져서 나올 수 있는 숫자들의 합을 수학적으로 정리하

	1	2	3	4	5	6
1	2	3	4	5	6	7
2	3	4	5	6	7	8
3	4	5	6	7	8	9
4	5	6	7	8	9	10
5	6	7	8	9	10	11
6	7	8	9	10	11	12

였다. 결과가 어떠한지 하나씩 확인해 보자. 가장 많이 나온 합은 무엇인가?

'7'이 6번으로 가장 많이 나왔고, 다음으로는 '6'과 '8'이 각각 5번, '5'와 '9'가 각각 4번 나왔다.

가장 적게 나온 합은 무엇인가?

'2'와 '12'가 각각 1번으로 가장 적게 나올 수 있음을 알 수 있다.

여기까지 경험을 하고 나면 아이들은 교사가 더 설명을 하지 않아도 직 감적으로 어떤 수가 많이 나오고 적게 나오는지 알 수 있다. 그리고 놀랍 게도 본인들이 직접 경험한 확률과 수학적 확률은 많이 닮아 있다는 것을 알게 된다. 이런 게임을 통해 확률이 어떤 의미를 갖는지를 알게 되고, 이 로써 수학적 학습에 대한 긍정적인 이미지를 충분히 심어 줄 수 있다.

확률에 대한 다른 게임을 한 가지 더 해 보자. 이 게임은 일명 '야바위'라 고 한다. 게임 방법은 다음과 같다. 돌림판을 돌려 자신이 걸었던 숫자에 바늘이 멈추면 자신이 내건 바둑돌 갯수의 다섯 배를 주는 방법이다.

아이들에게 바둑돌 20~30개 정도를 나누어 주고 자신이 걸고 싶은 숫 자에 바둑돌을 걸도록 한다. 이때 아이들은 한 숫자에 여러 개의 바둑돌 을 걸어도 되고 각각 다른 숫자에 다양하게 걸어도 무방하다. 아니면 한 번에 걸 수 있는 바둑돌의 숫자를 3~4개 정도로 제한해도 크게 상관 없다.

필자가 보통 사용하는 방법은 한 게임에서 바둑돌을 3개 이상 걸지 못 하도록 하는 것이다. 이 게임이 자신들에게 시작부터 불리한 게임이라는 것을 눈치채지 못하게 하기 위함이다.

게임이 시작되고 진행되면서 바둑돌이 오고가기를 반복한다. 하지만 시

돌림판을 이용한 확률 게임

돌림판에 적힌 숫자에 바둑돌을 내걸고 돌림판을 돌려 그 숫자가
나오면 승리하는 게임이다.

돌림판 만들기
돌림판에 숫자 1~6을 적는다.

자신이 가진 바둑돌 걸기
돌림판을 돌리기 전에 각자 자신이 원하는 숫자를 정하고 그 숫자에 자신이 가지고 있는 바둑돌
을 건다. 이때 미리 확률 표를 만들어 둔다.

1	2	3	4	5	6

새롭게 시도하기
바둑돌을 한 숫자에 하나씩 나눠 걸어 보기도 한다.

1	2	3	4	5	6
●	●	●	●	●	●

결과 예상하기
여러 번의 시도에 걸쳐 다양한 상황이 발생
할 것이다. 각 확률을 이해한다면 좀 더 자신
에게 유리한 상황을 만들 수 있을 것이다.

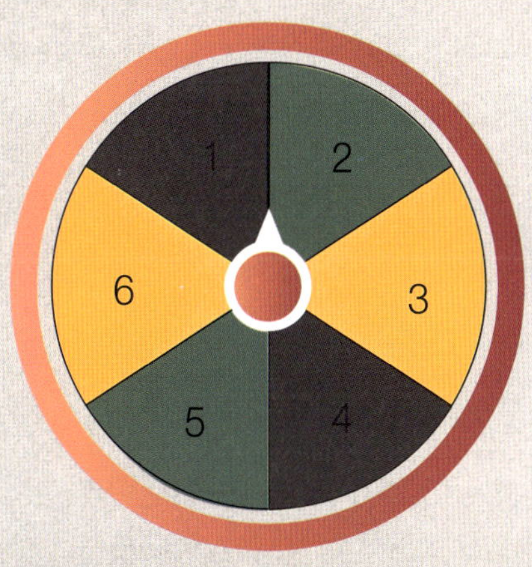

간이 지날수록 아이들의 바둑돌의 개수는 점점 줄어들고, 결국 아이들은 바둑돌을 모두 잃게 된다.

눈치가 빠른 아이들은 뭔가 이상하다는 느낌을 받을 수 있지만, 대부분의 아이들은 그저 자신들이 운이 없어서 바둑돌을 모두 잃었다고 생각하게 마련이다. 여기에서 필자는 꼭 이런 질문을 한다.

"너희들은 바둑돌을 모두 잃었는데 왜 그랬을까?"

"혹시 너희는 이 게임이 공정한 게임이라고 생각하니?"

그리고 조금이라도 뭔가 이상하다고 느끼는 친구가 있다면 무엇이든 발표해 보라고 한다. 아이들의 다양한 설명을 듣고 나서 다시 6개의 바둑돌을 나누어 주고 각 숫자에 하나씩만 걸어 보도록 한다.

돌림판을 돌리고 만약 '3'이 나왔다면 약속대로 다섯 배인 5개의 바둑돌을 준다. 이제 아이들은 무엇인가 잘못되었음을 느낄 것이다. 본인들은 분명 6개를 걸어서 한 개를 맞췄음에도 불구하고 오히려 1개를 손해보게 된 것이다.

위의 게임은 본인이 일시적으로는 바둑돌을 더 많이 얻어 갈 수는 있지만 결국 시간이 지날수록 바둑돌을 잃을 수밖에 없는 구조이다. 여기서 아이들에게 다시 한 번 질문한다.

"그럼 이 게임이 최소한의 공정성을 갖기 위해서 어떻게 바꾸면 좋을까?"

답은 간단하다. 다섯 배가 아닌 여섯 배를 주든지, 아니면 돌림판을 5등분으로 구분해야 한다.

여기서 이 게임을 끝내기보다 아이들에게 한 가지 미션을 더 주면 좋을 것이다. 만약 돌림판을 본인이 만든다고 가정했을 때 상대방은 잘 느끼지 못하지만 본인에게 유리한 돌림을 구상해 보라.

옆의 형태와 같은 돌림판은 어떨까? 게임 방법은 간단하다. 단돈 1,000원을 걸어서 해당되는 칸에 걸리는 대로 본전, 두 배 혹은 세 배를 얻거나 최악의 경우 꽝이 될 수 있다.

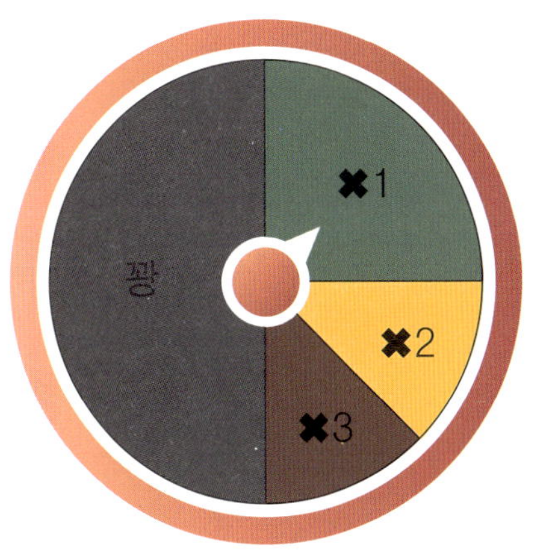

이 돌림판을 이용하여 게임에 참여한다면 나에게 승산이 있을까? 아니면 나에게 전혀 유리하지 않을까? 우연히 2~3번의 선택에서 결과가 좋게 나올 수도 있다. 하지만 이 돌림판도 시간이 지날수록 결국에는 나에게 불리하게 작용될 수밖에 없다. 이 돌림판을 수학적으로 풀이해 보자. 이 게임을 통해 기대할 수 있는 것은 아래와 같다.

기댓값 = 확률 × 상금

$$\frac{1}{4} \times 1,000 + \frac{1}{8} \times (2,000 + 3,000) = 250 + 625 = 875원$$

이 게임판에서 기대할 수 있는 최소 이익 금액은 1,000원이 아닌 875원이 되는 것이다.

이처럼 확률은 다양한 얼굴을 가지고 있다. 누가 좀 더 유리한 확률을 설계하여 갖고 있느냐에 따라 결과가 이미 정해져 있을지도 모른다.

학습을 끝내기 전 학생들에게 또 한 가지의 메시지를 전달해 주고자 한다. 도박은 우리가 절대 이길 수 없는 확률을 가지고 있다. 그래서 도박을 한다면 무조건 질 수밖에 없는 것이다. 도박에 참여한 사람이 결국에는 질 수밖에 없게 설계된 도박판에 참여하는 것 자체가 바보같은 행위라 할 수 있다.

06 가정에서 융합인재를 만들다

▶▶▶ 최근 융합교육의 학습 형태가 주목받고 있으며 프로그램도 많이 개발되고 있다. 더불어 최근에는 각 기업체에서도 융합적 사고와 소양을 갖춘 인재를 찾고자 노력하고 있다.

일부 학교가 융합교육 시범학교로 지정되어 정규 수업 시간 또는 창의적 체험 시간을 활용해서 융합교육을 실시하고 있지만 아직까지 대부분의 학교에서 융합교육의 활용이 매우 부족한 실정이다. 그래도 다행인 것은 융합교육의 중요성을 인식하여 융합교육에 관심을 기울이고 교사 교육을 시행하는 학교가 꾸준히 늘어나고 있다는 점이다.

아직까지는 여러 가지의 현실적인 이유로 인해 학교에서 융합교육을 충분히 할 수 없으므로 그 역할을 가정에서부터 먼저 해 보면 어떨까? 내 아이가 어릴 때부터 다양한 생각과 경험을 통해 융합적 소양을 지닐 수 있도록 가정에서 시도해 보자. 이로써 학교뿐 아니라 사회에 나가서도 우리 시대가 요구하는 훌륭한 인적 자원이 될 수 있을 것이다.

수학적 소재를 주제로 한 융합 프로그램은 아직까지 그리 많지 않다. 그렇다 보니 현장에서 응용하는 것도 쉬운 일이 아니다. 그러나 조금만 관심을 갖고 수학적 소재를 찾아보면 그 어느 과목보다 더욱 재미있게 수학을 받아들이고 느낄 수 있을 것이다.

1. 우리 집 통계 만들기

가정에서 누구나 활용할 수 있으며, 분명 수학을 기반으로 하였지만 수학이라는 분위기가 많이 나지 않아 아이들이 쉽게 접근할 수 있는 수학적 주제에, 다른 학문 간의 융합을 통해 다양한 지식과 정보를 얻어 낼 수 있는 교육 혹은 프로그램에는 어떤 것이 있을까?

쉽지 않은 문제이지만 몇 가지의 예를 들어 가정에서 활용할 수 있는 융합 프로그램을 만들어 보고자 한다. 참고로 이 책에서 소개하는 융합 주제와 요소는 가정에서 활용할 수 있도록 구성했기 때문에 실제 학문적 요소와 조금은 차이가 있으며 쉽게 구성되었음을 알린다.

① 상황 제시

모든 문제 해결은 문제를 인식하는 것에서 출발한다. 이를 위해 내 아이가 이해하고 호기심을 발휘할 수 있는 상황을 만들고 제시해야 한다. 이 과정이 있어야 해석하고 해결해 나아가는 것으로 발전할 수 있다.

우선 상황은 아빠의 잦은 음주로 인한 늦은 귀가와 아빠의 건강을 걱정하는 딸과 엄마의 문제의식에서 시작되었다.

"유진아, 아빠가 술을 너무 자주 드시니 우리가 그것을 통계 그래프로 만들어 보자."

이렇게 너무 직설적으로 말하는 것은 오히려 문제의 시작을 막연하게 느끼게 만든다. 융합교육에서는 먼저 스토리를 구성해 유진이에게 이 상황을 적절하게 묘사해 주고 왜 이 통계 그래프를 만들면 좋은지에 대한 동기 부여나 문제의식을 갖도록 하는 것이 훨씬 중요하다. 이는 앞으로 유진이

아빠의 야근과 건강 문제 이해하기

유진이 엄마는 최근 유진이 아빠에 대한 불만이 많아졌다. 이유는 유진이 아빠가 매일 늦게 들어와서 얼굴을 보기도 힘들고 또 주말이면 피곤하다며 잠만 자기 때문이다. 대개 회사 동료들과 술을 마시기 때문에 귀가 시간이 늦어진다. 조금만 일찍 집에 와서 아이들과 이야기도 하고 또 책도 같이 보면 좋을텐데, 아무리 말을 해도 유진이 아빠는 여전하다. 집에 늦게 들어오는 것도 문제이지만 술을 너무 자주 마시다 보니 유진이 아빠의 건강도 걱정이 된다. 엄마는 이 문제에 대해 유진이의 생각을 물어보기로 했다. 엄마의 말씀을 듣던 유진이는 생각했다.

'정말 그러네, 요즘은 아빠 얼굴 보기도 힘들었던 것 같아요. 같이 공부도 하고 밖에서 자전거도 같이 타고 싶은데……'

"유진아, 아빠가 이대로 있다가는 건강이 많이 나빠지실 것 같아. 아빠가 집에 일찍 들어오게 할 수 있는 좋은 방법이 없을까?"

문제를 인식한 유진이는 엄마와 함께 해결책을 찾기 위해 고민했다. 한참을 고민하던 엄마와 유진이는 한 가지 방법을 생각하게 되었는데, 바로 통계 그래프였다. 아빠의 음주와 늦은 퇴근 시간을 통계 그래프로 나타내어 아빠에게 보여 드리면 분명 무언가 느끼실 거라고 생각했다.

가 이 프로그램을 해 나가는 데 있어서 자기주도적인 학습을 할 수 있도록 돕는 원동력이 될 것이다(사례 17).

② 창의적 설계

상황 제시가 그것을 꼭 해야만 하는 이유를 알고 하고 싶다는 욕구를 갖는 단계라면 창의적 설계는 이 문제를 해결하기 위해 관련 자료나 개념에 대해서 스스로 학습하고 탐구하면서 문제를 해결하기 위한 구체적인 과정(설계)을 담는 단계이다.

이 과정에서 창의성, 효율성, 협업 능력(팀 도전일 경우) 등을 발휘하여 최

아빠의 야근 통계와 그래프 만들기

유진이는 아직 통계 그래프가 조금 낯설어 이에 대해 공부해 보기로 했다. 인터넷을 찾아보던 유진이는 그래프의 종류가 이렇게 다양하고 상황이나 조사 대상에 따라 그래프의 형태를 다르게 표현할 수 있다는 것을 알고 놀라움을 감추지 못했다.

어떻게 하면 좀 더 효과적이고 눈에 띄는 통계 그래프를 만들지 고민하던 유진이는 한 가지 좋은 아이디어를 떠올렸다.

같은 반 친구의 아빠들 중에서 집에 빨리 들어오는 분들이 있는지 먼저 조사한 후 그중에서 두 명 정도를 선정하여 친구에게 같은 방법으로 통계 그래프를 만들어 보면 어떨지 제안하기로 한 것이다. 아무래도 좋은 예와 나쁜 예를 서로 비교해서 보여 주면 더욱 효과적일 것 같았기 때문이다. 다행히도 두 명의 친구가 재미있을 것 같다며 동참해 주었다. 그렇게 유진이와 유진이 친구들의 프로젝트가 시작되었다.

그래프를 그리기 위해서는 몇 가지 생각해야 할 것이 있다. 조사 기간도 한 달로 하는 것이 효과적일지, 두 달을 하는 것이 효과적일지 설정해야 했다. 그리고 그래프의 종류도 막대, 꺾은 선, 원형, 함수 그래프 등인지 확인해야 했으며, 오름과 내림의 차이를 보여 주는 간격을 어떻게 할지도 고민해야 했다.

유진이는 그래프의 장·단점을 꼼꼼히 따져 보며 고민을 하다가 그래프의 종류는 꺾은 선 그래프로 나타내기로 하고 기간은 한 달을 하되 토요일, 일요일을 제외한 평일만을 기록하기로 결정했다.

이렇게 유진이는 앞으로 한 달간 아빠와 가족의 행복을 위해 열심히 아빠를 관찰하고 기록하게 될 것이다.

적의 방법을 찾아가게 된다.

유진이는 본인 스스로 학습에 대한 욕구를 가졌기 때문에 누가 학습을 하라고 지시하지 않아도 자연스럽게 자기주도적인 학습이 이루어질 수 있었다. 이것이야말로 융합교육의 큰 장점이라 할 수 있다.

위의 내용에는 간단하게 스케치하듯 적어 놓았지만 같은 통계 자료라 하더라도 어떤 그래프를 이용하여 어떻게 표현하느냐에 따라 보는 이의 느낌이 확연히 달라질 수 있다(사례 18).

　자. 그럼 유진이와 그 친구들이 한 달간 기록한 아빠들의 퇴근 시간을 토대로 완성된 꺾은 선 그래프를 살펴보자.

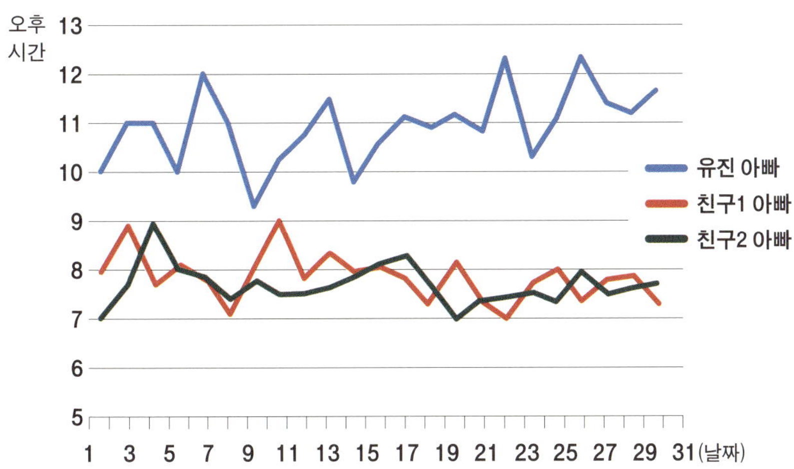

　여러분들은 그래프를 보고 어떤 느낌을 받았는가? 위의 그래프를 보면 유진이의 아빠가 다른 아빠들에 비해 귀가 시간이 많이 늦다는 것을 알 수 있다. 만약 자신의 자식이 이런 그래프를 만들어 아빠에게 보여 준다면 반성하지 않을 아빠는 없을 것이다.

　그런데 만약 유진이가 친구 아빠들의 예를 같이 적용하지 않고 유진이 아빠의 자료만 그래프로 나타냈다면 그 느낌이 어땠을까? 아래의 그래프를 보면 확연히 느낄 수 있을 것이다.

　유진이 아빠만 나온 그래프를 보면 아무래도 서로 비교할 대상이 없으니 아빠의 문제점이 무엇인지 구체적으로 설명하기 어려울 수 있을 것이다. 그래서 아빠를 설득하는 데 애를 먹거나 최악의 경우 실패할 수도 있다.

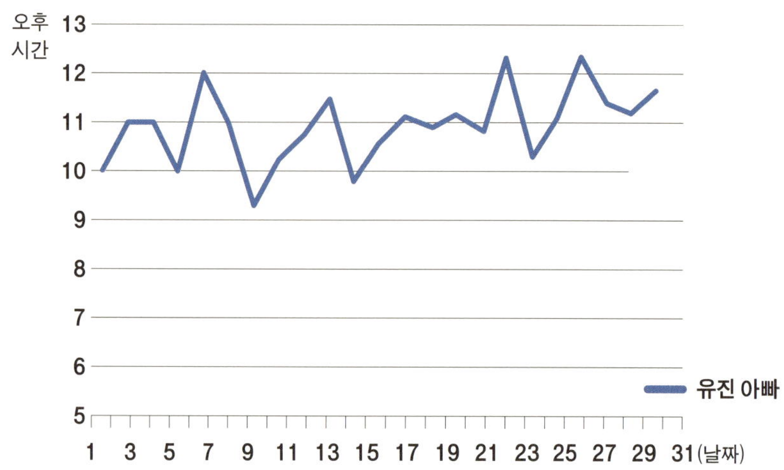

결론적으로 보면 유진이는 창의적 설계 단계를 꼼꼼하게 준비하여 아주 훌륭하게 해냈다고 볼 수 있다.

③ 감성적 체험

감성적 체험은 성공했던 사례의 기쁨이나 실패의 경험을 바탕으로 이를 한 단계 더 발전시켜 다른 영역이나 유사한 작업에 적용하고 응용해 보는 단계라 할 수 있다(사례 19).

따라서 이 단계에서 얻을 수 있는 학습 효과는 학습에 대한 흥미나 욕구, 자신감을 발휘하여 학습에 대한 의지나 몰입도를 높이고 자기주도적인 학습이 가능하게 하는 데 있다.

이번 프로젝트에서 사용된 학습적 요소에는 어떤 것들이 있을까?

수학, 사회, 아트(ART), 의사소통 능력, 협업 능력 등 다양한 영역이 자연스럽게 녹아 들어가 있다고 생각하면 되고, 여기에서 아트(ART) 부분에

새로운 시도로 발전시키기

친구 아빠들과의 퇴근 시간을 비교·분석하여 그래프를 완성한 유진이는 자랑스럽게 아빠에게 자신의 결과물을 보여 주었다. 그래프를 본 아빠는 적잖은 충격을 받았고, 마음속으로 반성하기 시작했다.

본인도 직장 동료들과 어울려 퇴근 시간이 자주 늦는다는 것을 알고는 있었으나 이렇게 그래프를 보고 나니 생각했던 것보다 많이 심하다고 생각했다. 유진이는 아빠에게 더욱 강하게 일찍 집에 올 수 있도록 노력해 달라고 부탁하였고, 아빠는 어쩔 수 없이 유진이와의 약속을 지키기로 다짐했다.

이번 프로젝트를 하면서 유진이는 많을 것을 느꼈다. 본인의 욕구에 의해서 진행한 일이었기에 한 번도 지루하거나 어렵다고 생각하지 않았다. 유진이는 생각해 본다.

'이런 비슷한 방법을 또 다른 곳에 적용해 볼 수는 없을까?'

'그리고 그래프를 좀 더 효과적인 방법으로 만들 수는 없을까?'

유진이와 엄마가 이번 프로젝트에 대해 이런저런 이야기를 나누던 중 엄마가 한 가지 새로운 제안을 해 주었다.

"유진아! 이번에는 너 자신을 한 번 조사해 보면 어떨까? 예를 들면 너 스스로 약속을 얼마나 잘 지키는지에 대해 말이야. 공부 시간, 게임 시간, 학원가는 시간……. 이렇게 너 스스로가 얼마나 약속을 잘 지켜내는지 한 번 조사해 보면 너 자신에게도 좋을 것 같은데, 어때? 이번에는 엄마가 잔소리 대신 상황별로 체크를 해서 자료를 줄 테니 유진이가 그래프로 나타내 보렴."

"그래요 엄마, 재미있을 것 같아요."

해당되는 것은 그래프를 그리는 작업이라고 보면 된다. 왜냐하면 그래프도 무언가를 전달하는 일종의 매체이고 도구이기 때문에 얼마나 좀 더 효과적이고 눈에 띄게 그리는지가 중요하기 때문이다.

유진이가 꺾은 선 그래프로 작업한 것을 다른 형식으로 했다면 이해의 정도가 달라졌을 것이다. 이것이야말로 그래프, 즉 아트 부분이 왜 중요한 요소인지 알려 주는 대목이라 할 수 있다.

④ 통계 그래프의 두 얼굴

통계 그래프는 두 개의 얼굴을 가지고 있다. 통계 자료의 이중성을 잘 이용한다면 나에게 불리한 자료이더라도 충분히 유리하게 보일 수 있고, 유리한 자료라고 하더라도 불리하게 보일 수 있다. 예를 들어 아래와 같은 자료가 있다고 가정하자.

★○○○제품의 년도별 소비자 가격의 변화(단위 : 원)

년 도	가 격	년 도	가 격
2004	2,000	2009	3,000
2005	2,200	2010	3,200
2006	2,400	2011	3,500
2007	2,600	2012	3,700
2008	2,800	2013	4,000

똑같은 자료를 가지고 두 가지의 방법으로 그래프를 표현해 보았다. 먼저 왼쪽를 살펴보자. 직관적으로 보기에 가격 상승이 아주 가파르게 이루어지고 있다는 것을 알 수 있다. 자세히 살펴보지 않으면 지난 10여 년 동안 제품 가격이 무척 많이 오른 것 같다는 인상을 받게 된다.

반면에 오른쪽 그래프는 상승 곡선이 비교적 완만하게 보여 가격 상승

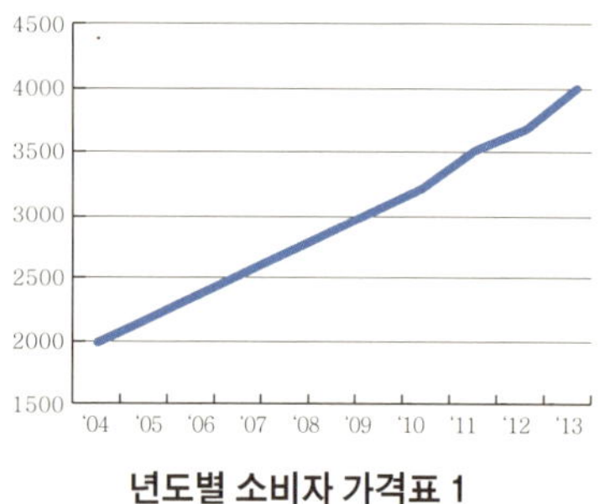

년도별 소비자 가격표 1

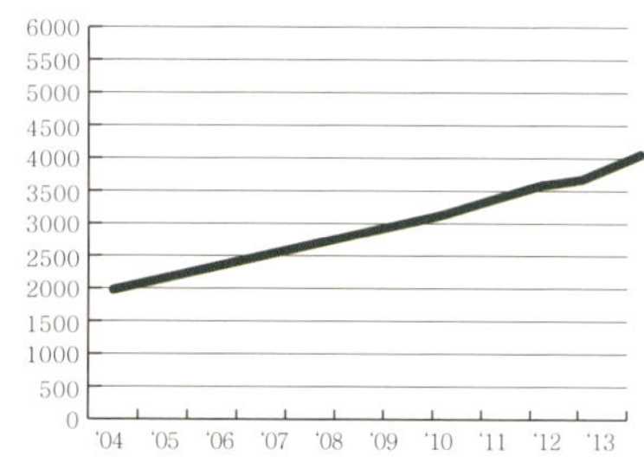

년도별 소비자 가격표 2

이 그다지 많이 되지 않았다는 느낌을 받게 된다. 분명 같은 자료를 이용하였지만 이렇게 느낌이 확연히 다르다. 단지 바뀐 것이라고는 세로축의 간격 차이일 뿐인데도 말이다.

만약 회사에서 자료를 발표하게 된다면 어떤 그래프를 이용해야 할까? 당연히 오른쪽과 같은 형태의 그래프를 이용하면 가격 상승이 많이 되지 않았다고 자기 방어를 할 수 있을 것이다. 반대로 왼쪽 그래프는 소비자 편에서 아주 유용하게 활용할 수 있다.

우리는 다양한 매체를 통해 여러 종류의 통계 자료를 자주 접한다. 그리고 그중에서 의견을 수렴해야 하는 자료나 사람들의 마음을 동요시켜야 하는 자료가 있다면 분명 누군가는 자신들에게 유리하게 보이도록 자료를 구성하려고 노력할 것이다.

그러므로 우리의 논리적인 시각으로 그 자료의 해석을 순순하게 받아들일지 아닐지 판단해야 한다. 작은 시각의 차이로 큰 결과의 차이를 만들어 낼 수 있기 때문이다.

2. 나만의 무늬 만들기

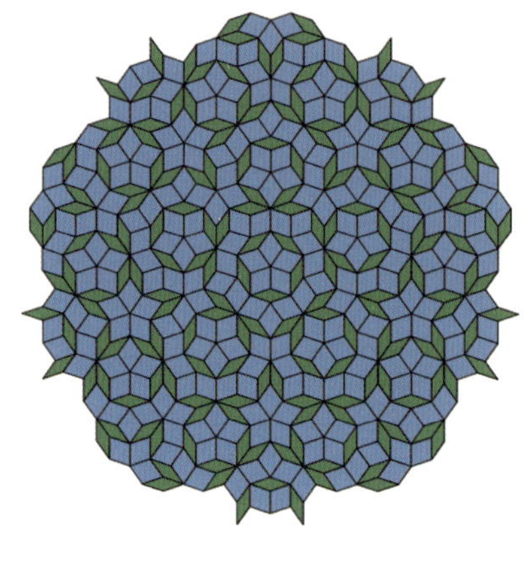

테셀레이션은 한 가지 이상의 도형을 이용하여 빈틈 없이 평면이나 공간을 완전히 덮는 것을 의미한다. 우리 주변에서 자주 볼 수 있는 것으로는 벽지나 타일, 모자이크 등이 있으며 제주도의 주상절리처럼 자연에서도 볼 수 있다. 나아가 네덜란드 화가 에셔(M. C. Escher)의 미술 작품으로도 유명하다.

이 테셀레이션을 아이의 학습력 향상의 도구로 활용해 보자. 우리가 미처 몰랐던 것들을 배우고 익히게 될 것이다.

테셀레이션은 수학과 미술이 연관된 전형적인 융합 소재이다. 학생들은 테셀레이션을 만들면서 수학적 요소인 각도, 회전, 뒤집기 등을 배울 수 있고 예술적 감각을 통하여 주변 환경에 적용할 수도 있다. 또한 테셀레이션과 연관하여 비현실적이면서 논리적으로 설명되기 어려운 작품들을 찾아보는 것도 좋은 공부가 될 것이다.

① 상황 제시

우리가 일상에서 너무 익숙하게 보아 왔던 벽지에도 수학적 반복의 법칙이 숨어 있다. 지원이는 이러한 모양의 수학적 반복이 테셀레이션이라는 것을 알게 되었고 이를 실제 만들어 보겠다는 의지를 다지게 되었다. 일단

일상의 발견을 문제화 하기

초등학교 6학년인 지원이는 5살짜리 동생과 잘 놀아주는 친절한 누나이기도 하다. 그런데 지원이의 방을 살펴보면 벽지 군데군데 동생의 낙서 자국을 어렵지 않게 발견할 수 있다.

무늬가 맞는 벽지를 사기도 어렵고 해서 낙서가 된 부분만 포인트 벽지를 이용하여 낙서를 가려야겠다는 생각을 하고 포인트 벽지를 사기 위해 인터넷 검색을 시작했다. 그러던 중 이상하게 생긴 벽지가 눈에 들어왔다. 일반 벽지와는 조금 다른 모양에 또 그 모양이 톱니바퀴가 맞물리듯 연속적으로 반복되었다.

어떻게 이런 모양을 계속 만들어 낼 수 있을지 생각하던 지원이는 다시 검색을 통해 그것이 '테셀레이션'이라는 것을 알게 되었다. 호기심이 발동한 지원이는 벽지를 '테셀레이션'을 이용하여 직접 만들어 봐야겠다는 생각을 가지게 된다.

아이가 깊이 있는 고민을 하기에 앞서 일상에서의 발견이 먼저 이루어진 것이다(사례 20).

수학에 대한 흥미나 의문점을 큰 관점, 혹은 수학 문제에서 제시하기보다 주변에서 접할 수 있는 상황이나 현상으로부터 자연스럽게 제시해 준다면 수학에 대한 거부감을 많이 줄일 수 있다.

관찰을 통해 무언가를 유추하고 추상하는 작업은 처음에는 쉽지 않지만 이것도 연습을 통해 충분히 기를 수 있다. 이렇게 관찰-유추로 이어지는 생각은 부모와 함께한다면 더욱 즐거운 작업이 될 것이다.

② 창의적 설계

벽지를 검색하면서 테셀레이션을 발견한 지원이가 연구한 내용을 살펴보자(사례 21).

직접 테셀레이션 만들어 보기

지원이는 먼저 여러 종류의 테셀레이션을 찾아보기 시작했다. 테셀레이션 그림으로 유명한 사람이 네덜란드 출신의 화가 '에셔'라는 사실도 알게 되었다. 에셔는 같은 모양이 반복되는 그림뿐 아니라 착시 현상을 일으키는 미술 작품도 많이 그렸다는 것을 알 수 있었다.

가장 먼저 지원이는 정다각형으로 이루어진 테셀레이션을 연구하기 시작했다. 정삼각형, 정사각형, 정오각형, 정육각형 등을 이용한 테셀레이션을 만들어 보려는 것이다. 지원이가 연구한 테셀레이션을 만드는 원리는 이러하다.

-평면을 빈틈 없이 채우고 있어야 한다.

-서로 이웃하고 있는 정다각형의 각의 합이 360°가 되어야 한다.

지원이는 같은 다각형끼리만을 연결한 모양과 다른 모양의 다각형을 조합한 테셀레이션을 만들어 보기로 계획을 세우고 실행하였다.

테셀레이션이 만들어질 수 있는 다각형은 어떤 것들이 있을까?

이웃한 삼각형이 6개이며 삼각형의 한 각의 크기는 60°이고 이를 모두 합치면 360°가 이루어지므로 테셀레이션이 만들어진다.

역시 사각형의 한 각의 크기는 90°이므로 4개의 각이 이웃하여 360°
테셀레이션이 가능하다.

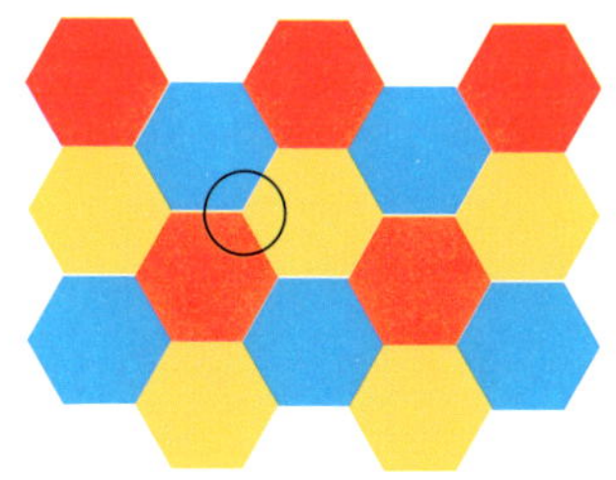

육각형의 내각의 합은 모두 720°이며 한 각의 크기는 120°이다. 세 개의
각이 이웃해서 360°가 이루어지므로 역시 테셀레이션이 가능하다.

그렇다면 정오각형끼리의 테셀레이션은 어떨까?

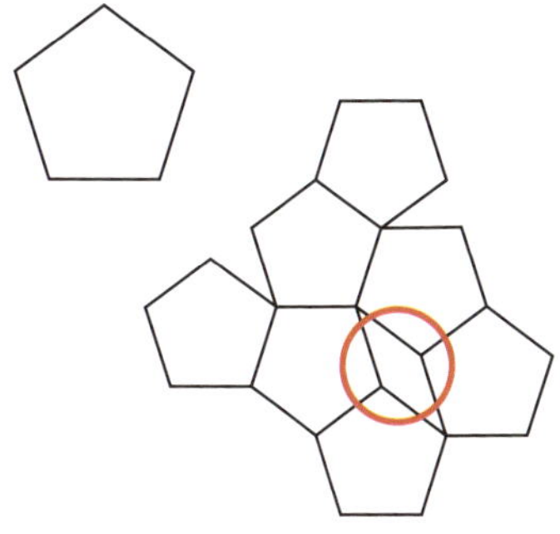

그림에서와 같이 정오각형은 테셀레이션이 만들어지지 않는다. 빨간색
동그라미 부분처럼 빈틈이 생겨 버린다. 정오각형의 내각의 합은 540°. 정
오각형의 한 각의 크기는 108°이며 그림처럼 세 개의 꼭지점이 이웃해 있기
때문에 모두 324°가 된다. 테셀레이션이 만들어지는 조건인 360°가 되지
않아 정오각형은 테셀레이션이 만들어지지 않는 것이다.

그럼 이번에는 다른 종류의 다각형을 조합하여 만들면 어떨까? 이제 방
법을 알았으니 굳이 모양을 붙여보지 않아도 알 수 있을 것이다.

이외에도 360°만 만들어지면 좀 더 다양한 테셀레이션을 만들 수 있다.

★테셀레이션의 예시

③ 감성적 체험

그럼 지원이가 연구한 내용을 살펴보자(사례 22).

테셀레이션은 수학에서는 자주 활용되는 생활 속 수학적 접근이며 융합적 요소를 갖추고 있는 아주 좋은 소재라고 할 수 있다. 테셀레이션은 수학적 요소와 함께 예술적(미술적) 요소를 갖추고 있다. 각도에 따라 만들어질 수 있는 모양과 만들어질 수 없는 모양이 구분이 되기 때문에 지극히 수학적 요소를 갖추고 있으며 자연스럽게 각도에 대한 학습을 할 수 있다는 장점이 있다. 또 표현 방법에 있어서 얼마나 예술적 감각을 갖고 모양을 만들고 구성하는지도 중요하다고 볼 수 있다.

앞에서 소개한 통계 그래프와 테셀레이션을 어떻게 느꼈는가? 혹시 수학적 요소가 너무 많이 첨가되어 복잡하고 어려울 것 같다고 생각했는가?

일상의 곳곳에 테셀레이션 적용하기

정다각형을 이용한 테셀레이션 만들기에 성공한 지원이는 스스로 뿌듯했다. 특히 테셀레이션 만들기를 공부하면서 다시 한 번 각도에 대한 학습이 자연스럽게 이루어진 부분이 신기했다.

정다각형을 이용한 테셀레이션으로는 정테셀레이션을, 준테셀레이션, 반정테셀레이션이 있다는 사실을 알게 되었다. 자신감이 생긴 지원이는 다양한 모양을 이용한 테셀레이션에 대해서도 알아 보고 연구하기 시작했다.

밀기, 돌리기, 뒤집기의 방법으로 모양 테셀레이션을 만들 수 있다는 사실도 알게 되었다. 지원이는 모양 테셀레이션을 만들기 위한 디자인을 머릿속으로 구상 중이다.

그리고 이렇게 만들어진 나만의 무늬를 이용하여 지저분한 쓰레기통의 겉면을 포장하거나 동생의 방에 있는 모빌을 테셀레이션 모양을 접목하여 멋있게 꾸며 주고 싶은 욕심이 생겼다.

아마 오히려 '에이! 이게 무슨 수학이야.'라고 생각하는 사람이 더 많았을 것이다.

하지만 '와! 이런 것도 수학이었어?'라는 생각을 하게 된다면 수학은 더 이상 지루하고 두렵기만 한 존재가 아닐 것이다. 그리고 이런 교육적 취지가 융합교육의 한 목적이라고도 생각한다.

이처럼 수학은 쉽게 접근하면 쉬워지고 어렵게 접근하면 어려워지게 마련인 과목이다. 수학이 어려운 것은 이미 마음이 닫혀 있는 상태에서 수학을 바라보기 때문이다.

매번은 아니더라도 수학을 어느 정도는 이런 방법으로 접근하면 분명 수학이 자신도 모르는 사이에 옆에서 함께할 수 있는 친구가 되어 있을 것이다.

④ 에셔의 작품

에셔는 테셀레이션 그림뿐 아니라 기하학적 원리와 수학적 개념을 토대로 2차원의 평면 위에 3차원의 공간을 표현한 화가이기도 했다.

①번 그림은 〈폭포〉라는 작품이다. 폭포를 잘 보라. 폭포에서 떨어진 물이 다시 어디로 흘러가고 있는가? 떨어진 물이 위쪽으로 흘러 다시 폭포로 떨어지는 것을 볼 수 있다.

②번 그림은 〈상승과 하강〉이라는 작품이다. 사람들이 계단을 올라

★① 에셔의 〈폭포〉

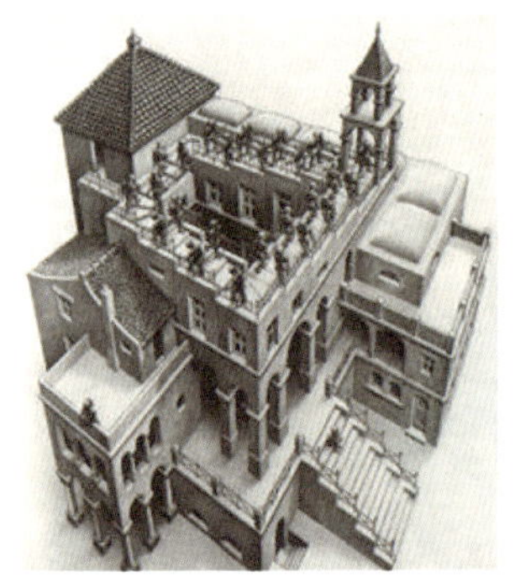

★② 에셔의 〈상승과 하강〉

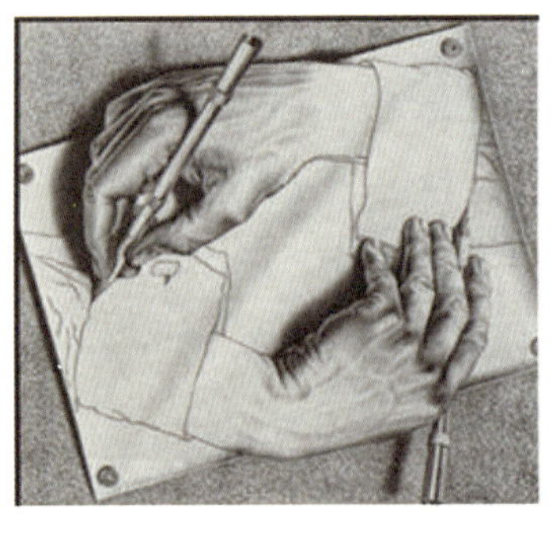

★③ 에셔의 〈손을 그리는 손〉

★④ 에셔의 〈천사와 악마〉

가고 있는 모습이 보인다. 그 계단을 계속 따라 올라가면 사람은 다시 제 자리로 돌아오게 된다.

이 밖에도 에서는 이런 착시 효과가 있는 작품을 아주 많이 만들었다. 내 아이와 함께 작품을 보며 그림에 어떤 비밀이 숨어 있는지 찾아보는 것도 즐거운 경험이 될 것이다.

⑤ 미술 작품 속에 숨어 있는 수학을 찾아라

아래의 작품에서 볼 수 있는 가장 중요한 수학적 요소는 마방진이다. 마방진을 확대하여 살펴보면서 제작년도를 알아보자. 이 마방진은 가로, 세로, 대각선의 합이 34로 이루어져 있다. 우연인지 아니면 작가가 의도한 것인지는 모르지만 놀랍게도 이 작품의 제작년도는 위 마방진에 나와 있는 것처럼 1514년도이다. 그리고 이 작품에는 저울, 컴퍼스, 구, 다면체, 모래시계, 자, 사다리(평행, 수평)가 표현되어 있다.

16	3	2	13
5	10	11	8
9	6	7	12
4	15	14	1

★알브레히트 뒤러의 〈멜랑콜리아〉와 마방진

김홍도의 〈씨름도〉에도 역시 마방진이 숨겨져 있다. 이 마방진의 형태는 일정한 틀이 없기 때문에 일종에 불규칙 마방진이라고도 볼 수 있다. 가운데에서 씨름을 하는 사람들을 중심으로 ×자 모양으로 선을 그어 보자.

이 그림에는 전부 22명의 사람들이 있다. 그리고 가운데 씨름을 하는 사람을 포함하여 대각선으로 사람의 숫자를 세어 보면 각각 12명이 된다. (엿장수는 왼쪽 아래 대각선 쪽으로 포함한다.)

이 역시 우연인지 아니면 김홍도 선생의 의도였는지는 모르지만 정말 놀라운 구조를 이용하여 사람들의 숫자를 정확히 배치했다는 것을 알 수 있다.

★김홍도의 〈씨름도〉

3. 무한반복 프렉탈

시에르핀스키 삼각형 (Sierpiński triangle)은 바츨라프 시에르핀스키의 이름이 붙은 프랙탈 도형이다. 시에르핀스키 삼각형은 아래과 같은 방법으로 만들어 낼 수 있다.

★시에르핀스키 삼각형(Sierpiński triangle)

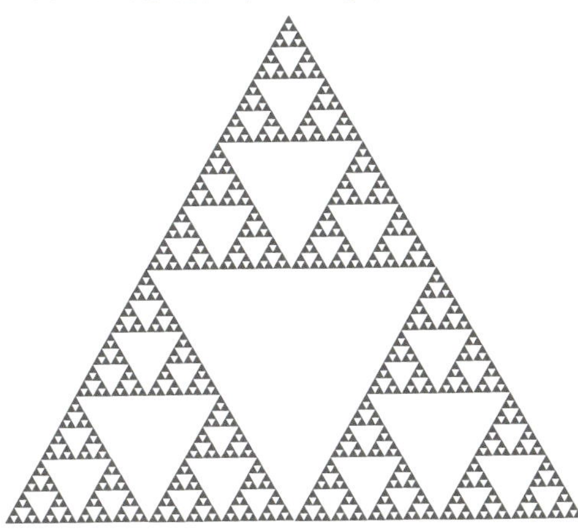

1. 하나의 정삼각형에서 시작한다.

2. 정삼각형의 세 변의 중점을 이으면 원래의 정삼각형 안에 작은 정삼각형이 만들어진다. 이 작은 정삼각형을 제거한다.

3. 남은 정삼각형들에 대해서도 2번 실행한다.

4. 3번을 무한히 반복한다.

① 상황 제시

프렉탈은 최근에는 디자인이나 예술 쪽에서도 많이 이용된다. 프렉탈은 자기 복제처럼 같은 모양이 규칙적이면서도 불규칙적으로 증가하는 것이 특징이다. 이처럼 기하학적 요소가 충분한 프렉탈은 수학에 자주 응용되며 초등 수학에서는 수열과 같은 문제들이 있다.

사례 23

일상의 재료로 프렉탈 배우기

다빈이는 엄마와 함께 마트로 장을 보러 가서 다빈이가 좋아하는 햄, 엄마가 좋아하는 채소를 샀다. 그리고 마트 장보기의 포인트인 시식 코너도 두루두루 둘러본 후 집으로 돌아왔다.

저녁을 먹기 위해 식탁에 앉은 다빈이는 테이블 위에 놓인 브로콜리를 보게 되었다. 식탁에 올라온 브로콜리는 먹기 편하게 작은 크기로 조리되어 있지만 모양은 처음 원래의 모양과 거의 비슷하다는 느낌이 들었다. 그래서 다빈이는 작은 브로콜리를 다시 한 번 작게 쪼개 보았다. 그랬더니 신기하게도 크기는 작아졌지만 모양은 처음과 거의 비슷했다.

"엄마, 이 브로콜리를 분명 작게 쪼개어 놓았는데 모양은 원래 크기의 것과 거의 비슷한 것 같아요."

"어! 그러고 보니 정말 그러네. 다빈아 혹시 이렇게 같은 모양이 계속 반복되는 것을 뭐라고 하는지 아니?"

"아니오."

"이렇게 크기는 작아지더라도 같은 모양이 계속 반복되는 현상을 프렉탈이라고 해. 이런 모양은 브로콜리 말고 아주 많아. 저녁 먹고 엄마랑 같이 프렉탈이 뭔지 좀 더 알아볼까?."

"네, 좋아요. 엄마!"

어떤 일정한 형태나 모양이 그 크기가 작아지거나 하더라도 그 일정한 모양을 계속 유지하며 끝없이 되풀이되는 구조를 말한다.

프랑스 수학자 만델브로트(Benoit B. Mandelbrot)가 영국의 해안선 길이를 측정하는 과정에서 자의 눈금 차이에 따라 해안선의 길이가 달라진다는 사실을 알게 되었고, 눈금이 작아질수록 해안선의 측정 길이가 길어지는 것을 보았다.

자연에서 볼 수 있는 구조로는 구름, 번개, 나뭇가지, 나뭇잎, 해안선 등과 같은 형태를 찾아 볼 수 있다.

② 창의적 설계

여러 가지 모양의 프렉탈을 찾아보던 다빈이는 프렉탈의 신비한 모양에 푹 빠지고 말았다. 단순한 모양부터 아주 고급스러워 보이는 모양까지 프렉탈은 다양한 모양과 형태를 가지고 있었다.

이제 다빈이는 브로콜리에서 나아가 일상의 것에서 프렉탈을 찾고 또 만들어 보려고 한다(사례 23). 하지만 이러한 상황을 이용하여 수학 문제를 만들어 보는 것은 어떤 학생들에게는 어려운 일일 수 있다. 만약 숫자가 어렵다면 간단한 색깔이나 모양을 이용해도 된다. 하지만 패턴은 단순히 수학 문제만이 아닌 정보가 담겨 있다. 우리 사회는 다양한 정보를 갖고 있으며 또 그 정보 안에 다양한 패턴이 숨어 있다. 패턴의 가장 큰 목적은 정보를 파악하는 데 있다.

일상에서 프렉탈 찾기

우리 주변의 다양한 곳에서 프렉탈을 찾아보자. 놀라운 비밀을 발견할 수 있을 것이다.

우리의 주변에는 다양한 프렉탈이 존재한다. 무심코 지나쳤을 때는 몰랐던 프렉탈을 통해 놀라운 발견을 해낼 수 있을 것이다.

 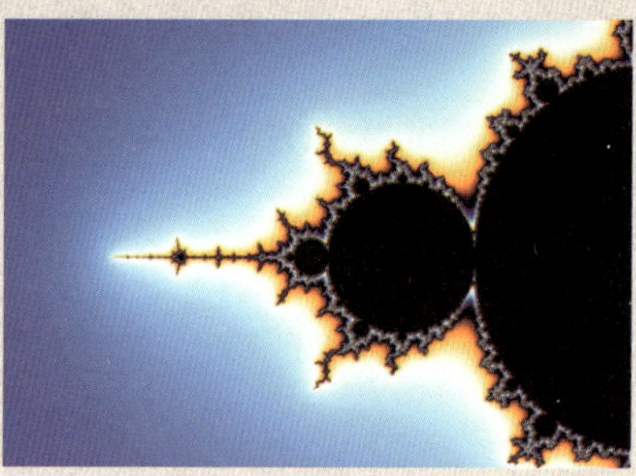

여러 그림을 찾아보던 중 다빈이는 '코흐의 눈송이'를 보며 한 가지 아이디어가 떠올랐다. 무심코 삼각형 변의 개수를 세어 보던 다빈이는 변의 개수가 일정하게 늘어나고 있다는 알게 되었다. '코흐의 눈송이'를 직접 만들어 보고 또 이 패턴을 이용하여 수학 문제를 만들 수도 있다는 생각을 하였다.

다빈이는 고무찰흙을 이용하여 '코흐의 눈송이'를 만들어 보기로 했다. 모양을 만드는 방법은 다음과 같다. 가장 먼저 큰 삼각형 모양을 만든 후 각각의 변들을 잡아당기기 시작한다. 삼각형의 한 변을 확대해서 보면 직선으로 나타낼 수 있다.

그럼 이 선을 3등분한다.

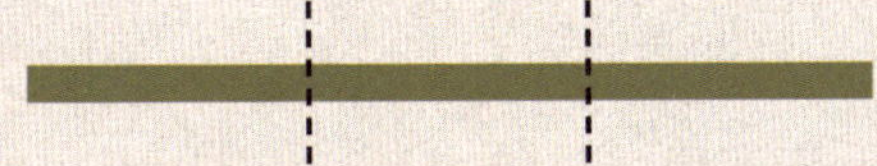

그리고 가운데에 위치한 선분 A 부분을 바깥쪽(위쪽)으로 잡아당긴다는 느낌으로 연결하면 된다. 그렇게 되면 아래의 그림처럼 한 변이 4배가 된다. 이러한 작업을 모든 선분마다 한다면 '코흐의 눈송이'를 만들 수 있다.

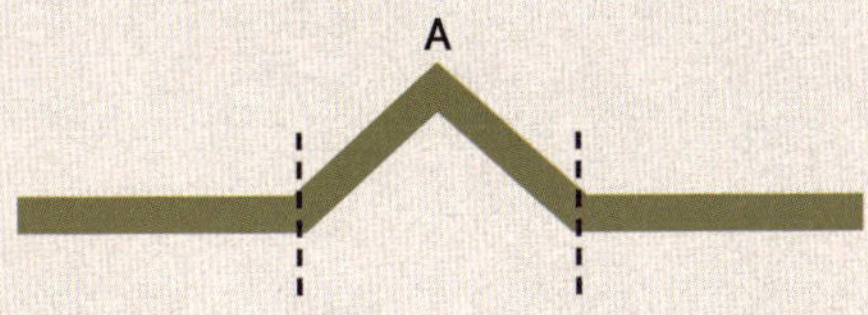

하지만 다빈이는 사람의 손으로 4~5단계 이상을 만들어 보거나 그린다는 것이 쉬운 일이 아니라는 것을 안다. 그래서 다빈이는 이 패턴을 수학적인 방법으로 계산해 보기로 하였다.

Q 1단계의 변의 개수는 3개이며, 2단계는 12개이다. 일정한 간격으로 계속 삼각형 변의 개수가 늘어난다면 5단계의 변의 개수는 몇 개일까?

A 처음 변의 개수가 3에서 시작하여, 두 번째는 12개, 세 번째는 48개, 네 번째는 192개가 된다. 네 번째 단계까지는 직접 수를 세어볼 수도 있겠지만 다섯 단계에서부터는 수를 세는 것에 한계가 있다. 단계가 올라갈수록 '×4'가 된다는 것을 알 수 있다.

$3 \times 4 \times 4 \times 4 \times 4 = 768$ (다섯 단계 변의 개수)
$3 \times 4 \times 4 \times 4 \times 4 \times 4 = 3072$ (여섯 단계 변의 개수)

이렇게 계산을 하면 그림은 그리지 못하더라도 변의 개수는 충분히 알 수 있다. 다른 문제를 생각하던 다빈이는 이번에는 점과 선을 이용한 프렉탈 문제를 만들어 보기로 하고 그림을 그리기 시작했다.

한 변이 4변이 되므로 4배이다.

Q 나무 한 그루가 있다. 한 가지에서 규칙적으로 두 개씩의 가지가 늘어나고 있다. 가지가 규칙적으로 계속 늘어난다면 6단계 때의 가지의 개수는 몇 개일까?

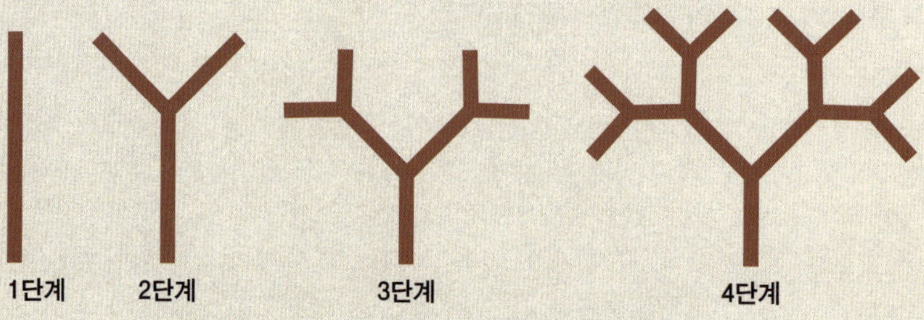

A 이 문제는 비교적 간단하지만 단계가 늘어날수록 손으로 그려서 해결하기는 쉽지 않다. 혹시나 문제가 조금 어렵다면 몇 단계 정도는 그림으로 그려 좀 더 정확한 패턴을 이해하는 것도 좋을 것 같다.

풀이) ①

단계가 증가하면서 전 단계의 나뭇가지에서 다시 두 개의 가지가 나오는 것을 알 수 있다. 그렇다면 4단계 그림에서는 윗 부분 8개의 나뭇가지에서 다시 각각 2개의 나뭇가지가 나올 것이다. 그러면 5단계의 증가 개수는 16이(8×2=16) 될 것이며 여기에 전 단계의 전체 개수인 15를 더하면 5단계는 31개가 된다. 이와 같은 방법을 반복하면 6단계의 전체 개수는 63개가 된다.

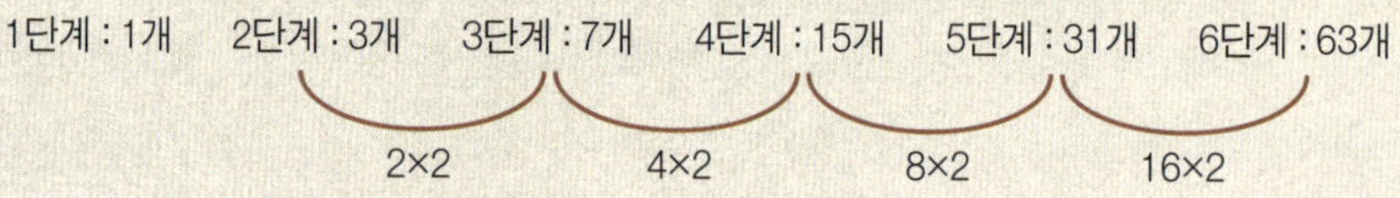

풀이) ②

이 패턴을 다른 방법으로 계산하면 다음과 같다. 전 단계의 개수에 ×2를 한 다음 다시 +1을 하면 다음 단계의 개수가 나온다.
5단계 전체 개수(31개) ×2 +1 = 63개

하노이탑과 프렉탈의 공통점

하노이탑에도 프렉탈의 원리가 숨겨져 있다. 이를 통해 단순한 것에 숨겨진 수학적 비밀을 발견할 수 있을 것이다.

◆ **하노이탑이란?**

하노이탑은 학생들이라면 누구나 한 번쯤 사용해 보았을 수학 교구이다. 단계별로 기둥에 있는 원판을 그림에 보이는 것처럼 다른 기둥으로 순서대로, 최소한의 횟수를 이용하여 옮기는 방식이다.

이 하노이탑의 원판을 옮기는 단계별 최소 횟수가 위의 나뭇

가지가 늘어나는 패턴과 정확히 일치한다. 전혀 무관하고 상관없어 보이는 프렉탈과 하노이탑 사이에 공통점이 있는 것이다. 수학은 이러한 것이 매력적이다.

서로 다른 영역에 있는 개념 사이의 공통점을 찾아내고 그것을 서로 연결시켜 다른 사고로 전환하여 발전시킨다면 그것이 바로 사고력 계발이 아닐까 싶다. 이번 문제에서는 프렉탈이라는 개념과 하노이탑이라는 개념을 서로 연결시켜 계차수열이라는 수학적 학습을 했다고 볼 수 있다.

원판 개수	2	3	4	5	6	7
이동 횟수	3	7	15	31	63	127

★하노이탑의 단계별 최소 횟수

③ 감성적 체험

다빈이는 기분이 무척 뿌듯하다. 본인이 직접 수학 문제를 만들어 보았기 때문이다. 무한반복 프렉탈의 매력에 푹 빠진 다빈이는 이번에는 프렉탈 카드를 만들기로 결심했다.

다빈이는 여러 가지 색깔과 모양의 프렉탈 카드를 만들어 자신의 방 천장에 실로 매달아 나름 인테리어 소품으로 사용하였다. 건조하게 보이던 방안 분위기가 이 프렉탈 카드 하나로 한결 밝아졌고, 다빈이의 마음도 뿌듯했다.

융합은 자신이 배운 내용이나 지식을 실생활에 어떻게 적용하고 발전 시켜나가느냐가 가장 큰 핵심이다. 미술에 관심이 많은 친구라면 자신만의 새로운 모양을 만들어도 좋고, 수학에 관심이 많은 친구라면 수학 문제를 만들어도 좋다. 지금 당장 적용하기 어렵더라도 나쁜 것은 아니다. 프렉탈을 기억하고 있다면 분명 자신이 관심 있는 다른 분야와 접목할 수 있는 아이디어가 생각날 것이다. 실제로 프렉탈은 과학, 예술, 공학, 컴퓨터 등 다양한 분야에서 활용된다.

프렉탈 카드 만들기

종이와 가위만 있다면 누구나 쉽고 간편하게 자신만의 프렉탈 카드를 만들 수 있다.

프렉탈 카드 만드는 순서

① 종이를 반으로 접은 후 접은 가로의 반이 되는 부분까지 잘라 준다.

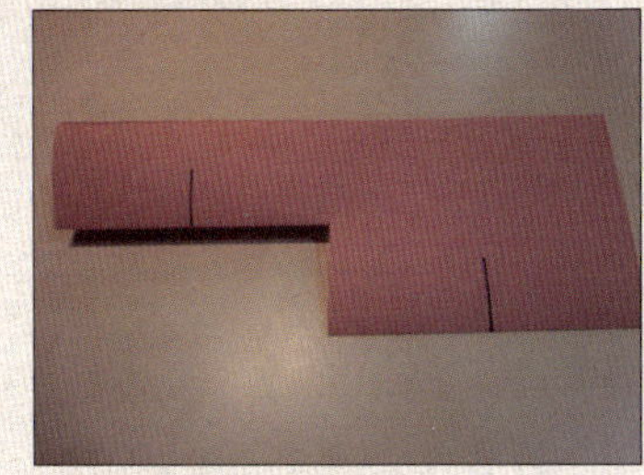

② 잘린 부분은 안쪽으로 접어 주고, 다시 가로의 반이 되는 부분을 잘라 준다.

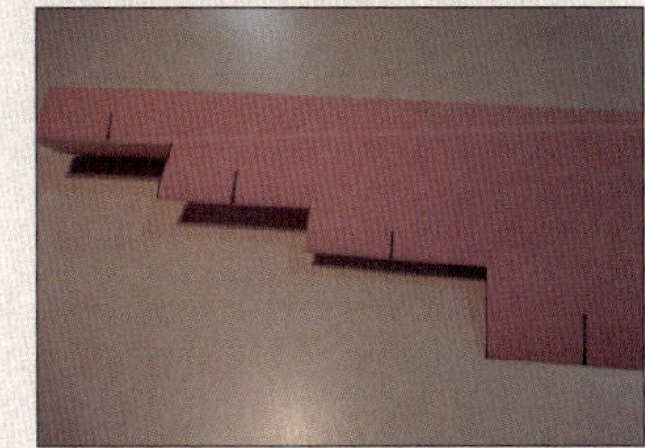

③ 이제 앞에서 했던 방법을 가능한 만큼 반복한다.

④ 마지막으로 아래처럼 펼쳐 주면 멋진 프렉탈 카드가 완성된다.

4. 생각하는 만큼 보이는 수학

수학은 느끼고 생각하는 것만큼 보인다. 비슷한 말로는 아는 만큼 보인다는 표현도 있다. 우리가 살아가는 사회에서는 전공 수준 정도의 수학적 사고를 필요로 하지 않는다.

우리는 이미 고등학교까지의 학습을 통해서 수학에 대해 많은 것을 배웠으며 그 정도라면 일상생활에서 수학적 소재나 관련성을 찾는 데 무리가 없다고 생각한다. 그래서 '수학은 생각하는 만큼 보인다.'라고 말하고 싶다.

수학은 주차장에도 있고, 지하철에도 있으며, 식당에도, 엘리베이터 안에도 있다. 스마트폰의 암호 패턴을 어린 자녀에게 풀어 보도록 하는 것도 좋은 방법이다. 단 방향을 정방향이 아닌 옆으로도, 거꾸로도 바꿔가면서 다양한 패턴으로 풀어 보아야 좋은 공부가 될 것이다.

평소에 얼마나 수학적인 생각을 하느냐가 중요하고 그것을 어떻게 자녀들에게 좋은 이미지, 긍정적인 이미지로 보여 줄 것인지가 숙제이다.

이제 일곱 살 정도 되는 아이들에게는 지하주차장의 주차 위치 번호를 알려 주고 꼭 기억하라고 말해 두자.

"우리 차는 지하 3층에 B32 구역에 주차되어 있어. 혹시 아빠가 잊어버리면 꼭 얘기해 줘야 돼."

조금 더 고학년이라면 엘리베이터 안에서 속력을 구하는 간단한 질문을 할 수도 있을 것이다.

07

수학과 관련된 이론들을 배우다

▶▶▶ 좀 더 다양한 영역으로 생각을 돌려 수학적 소재를 찾아 본다면 어떤 것들이 있을까? 그중에서도 IT, 또는 경제학 등 다양한 수학적 요소를 생각해 보자.

최근 성범죄자들에게 부착되는 '전자발찌'는 어떤 방법으로 위치를 파악할까? 전자발찌는 범죄자들의 소재 파악이나 신변 확보를 신속히 할 수 있다는 장점과 함께 범죄의 재발생을 줄이는 데 큰 역할을 하고 있다.

전자발찌는 부착장치와 재택감독장치, GPS가 내장된 위치추적장치로 구성되어 있다. 착용자는 항상 위치추적장치를 휴대해야 한다. 발목의 부착장치에서 발신되는 전자파를 위치추적장치가 지속적으로 감지하면 입력된 데이터가 이동통신망을 통해 재택감독장치로 전송된다.

GPS는 우리 사회에서 없어서는 안 될 필수 요소이다. GPS 수신기를 이용하여 위치를 파악하려면 4개의 위성이 필요하며 이는 경도좌표, 위도좌표, 고도좌표를 구하기 위해서이다. GPS는 기본적으로 삼각 측량의 원리를 이용한다. 인공위성으로부터 수신기까지의 거리는 각 위성에서 발생시키는 부호 신호의 방생 시점과 수신 시점의 시간 차이를 측정한 다음 여기에 빛의 속도를 곱하여 계산한다. 식으로 정리하면 아래와 같다.

거리 = 빛의 속도 × 경과 시간

1. 퍼지 이론

혹시 예전에 세탁기 광고에서 '퍼지세탁'이라는 광고 문구를 들어 본 적이 있는가? 퍼지세탁기는 다름 아닌 '퍼지 이론'을 반영한 인공지능 세탁기를 말한다.

> **퍼지 이론(Fuzzy)**
>
> 원래 퍼지 이론은 이란 출신의 미국 수학자인 자데(Lofti A. Zadeh) 교수가 1965년에 처음으로 제안한 수학 이론이다. 퍼지(fuzzy)라는 말은 '애매하다', '모호하다'라는 의미를 갖고 있다.
>
> 컴퓨터가 0과 1이라는 기준으로만 판단했다면 이 퍼지 이론을 통하여 애매함의 정도를 조금 더 세분화시켰다고 볼 수 있다. 이러한 객관적이지 못한 사실들을 수학적으로 설명하고자 하는 것이 '퍼지(Fuzzy) 이론'이다.

퍼지 이론은 함수와 집합 개념을 적용하여 수학적으로 해석한 이론이다. 자데 교수는 퍼지 이론 창안의 동기를 아래와 같이 밝혔다.

"흑백의 이원론으로는 현실세계의 다양한 변화를 추적, 분석, 평가, 예측할 수 없다고 판단했다. 인간의 애매모호한 정보 표현 체계를 포괄적으로 수용할 수 있는 새로운 이론이 절실히 요구되었다."

하지만 그럼에도 불구하고 자데 교수가 퍼지 이론을 처음 발표했을 때 많은 사람으로부터 비난을 받았다고 한다. 명확하게 이해되는 영역이 아

퍼지 이론을 접목할 수 있는 문제

퍼지 이론에 대해 알았다면 실제 문제를 풀면서 좀 더 깊이 있게 이해해
보자.

Q 수학을 학습하는 데 있어서 가장 기본이 되는 내용 중에 하나가 바로 '집합'이다. 다음 예시에서 집합을 찾아보고 그 이유를 설명해 보자.

① 우리 반에서 안경을 쓴 학생의 모임
② 우리 반에서 키가 작은 학생의 모임
③ 우리 반에서 머리가 긴 학생의 모임
④ 우리 반에서 글씨를 잘 쓰는 학생의 모임

A 당연히 정답은 ①이다. 안경을 쓴 것과 쓰지 않은 것은 매우 객관적으로 판단할 수 있기 때문이다. 수학적으로 생각을 한다면 ②, ③, ④의 기준을 정하기에 어려움이 있다. 하지만 퍼지 이론은 ②, ③, ④와 같은 경우에도 수학적인 값을 부여해 준다고 생각하면 간단하다. 컴퓨터의 예 : 좋아한다〈0〉, 싫어한다〈1〉

퍼지 이론의 예
- 좋아한다〈0〉
- 조금 좋아한다〈0.45〉
- 보통이다〈0.55〉
- 나쁘지는 않다〈0.80〉
- 싫어한다〈1〉

닌 것에 대해 수학적인 값을 부여하는 것이 쉽사리 이해되지 않았기 때문이다. 퍼지 이론이 발표되고 나서 15년 동안 사람들의 지지를 얻지 못하다가 1980년대에 들어서면서 아사히, 히라노 등 일본 학자들이 잇따라 논문을 발표하여 주목받기 시작했다.

퍼지 이론은 세탁기와 같은 가전제품에서부터 교통제어, 로봇, 의료기기 등 사회기반 시설 전반에 걸쳐 광범위하게 사용되고 있다.

2. 게임 이론

게임 이론은 필자가 개인적으로 무척 좋아하는 이론 중에 하나이다. 특히 이 게임 이론은 수학적으로 해석되는 것은 물론이고 경제학, 경영학, 군사학, 심리학 등에서 많이 사용되며 또 우리가 수없이 경험하며 살아가는 이론이기도 하다. 그리고 게임 이론의 예를 응용한 수능 문제도 심심치 않게 발견할 수 있다.

게임 이론은 영화 〈뷰티풀 마인드〉에서 '존 내쉬'라는 수학자가 소개되면서 사람들에게 많이 알려진 이론이기도 하다.

게임 이론을 이해하는 데 있어서 가장 기초적인 개념은 '죄수의 딜레마'를 예로 들어 설명하고자 한다. '죄수의 딜레마'는 두 명의 공범자가 서로 합의 하에 범죄 사실을 숨기면 증거 불충분으로 형량이 낮아질 수 있는 데도 불구하고, 상대방의 범죄 사실을 밝히면 형량을 줄여 준다는 수사관의 유혹에 빠져 상대방의 죄를 고발해 결국 모두 무거운 형량을 선고받게 되는 현상을 일컫는다. 이는 우리가 살아가면서도 많이 겪게 되며 영화(예 : 〈다크나이트〉), 드라마(예 : 〈너의 목소리가 들려〉), 예능(예 : 〈런닝맨〉, 〈무한도전〉)에서도 자주 볼 수 있는 소재이다.

또 '죄수의 딜레마'의 사례는 경영학이나 경제학 측면에서는 카르텔 감면제도, 영합게임, 비영합게임을 해석할 때 사용되기도 하며 이를 다시 수학적으로 접근하면 행렬, 수형도, 확률과 같은 개념들이 들어가게 된다.

가정에서 자녀에게 어떤 일정한 제한적 환경과 선택권을 주어 그 문제를 어떻게 논리적으로 풀어 나가는지 표나 수형도로 정리해 보도록 유도하는 것도 좋은 방법 중에 하나이다.

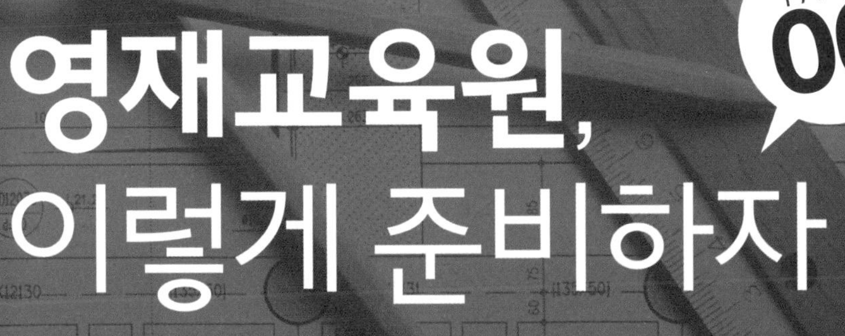

영재교육원, 이렇게 준비하자

융합교육을 통해 사고력 수학에 적응했다면 본격적으로 영재교육원을 고민해 볼 수 있다. 이 파트에서는 영재교육원 입학에 필요한 자기소개서 작성 방법과 프로젝트 발표 노하우에 대해 알려 준다. 가장 중요한 것은 나만의 개성과 학습 의지를 얼마나 잘, 효과적으로 보여 주느냐이다.

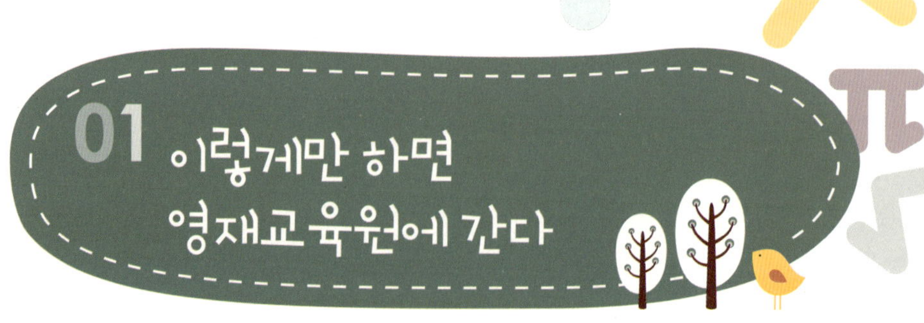

1. 영재교육원도 트렌드가 있다

우리나라의 영재교육 정책은 꾸준히 성장해 왔으며 과거에 비하면 영재교육 대상자도 많아지고 영재교육의 분야도 수학, 과학은 물론이고 언어, 예술 등 세분화되고 있다. 현재까지 영재교육의 가장 큰 축은 각 학교에서 운영하는 단위학급영재와 대학에서 운영하는 대학부설 영재교육원을 들 수 있다.

그에 따라 학생들을 선발하는 기준과 과정도 조금씩 차이를 보인다. 단위학급영재는 대부분 해당 학교에서 출제한 자체 문제로 학생들을 선발하는 경우가 많은데 시험 유형은 학교장의 재량에 따라 사고력 수학 문제나 창의력 문제의 비중이 많은 학교가 있는가 하면 교과 중심의 문제를 출제하는 학교도 아직 많다.

그렇기 때문에 단위학급영재에 도전하는 학생들의 부모님들은 선배 학생 학부모들에게 어떤 유형에 시험 문제가 나오는지 물어서 문제 경향을 잘 파악해 둘 필요가 있다. 간혹 영재 시험뿐 아니라 다른 시험에서도 문제 출제 경향을 파악하지 못한 상태에서 무작정 공부하는 학생들을 의외로 많이 보았다.

　단위학급영재에 비하면 대학부설 영재교육원은 시험 전형이 무척이나 까다롭고 경쟁률도 치열하다. 그야말로 다방면에서 넓고 깊은 지식을 요구한다고 볼 수 있다.

　특히 영재교육원에 응시하는 대부분의 학생들은 과학보다는 수학을 더욱 많이 어려워 하는 경향이 있다. 과도한 선행 문제를 물어 보는 것은 결코 아니라고 생각한다. 물론 과거에는 수학 문제를 어렵게 출제한다는 인식은 선행 문제를 출제한다는 개념으로 여겨지기도 했다.

　하지만 최근 영재교육원의 선발 트렌드는 융합적 사고를 갖춘 학생이다. 학원에서 선행을 많이 한 학생이 아닌 본인이 기존에 알고 있는 지식들을 얼마나 스스로 재구성할 수 있느냐의 문제인 것이다.

　이렇게 스스로 지식을 구성할 수 있는 능력을 키우기 위해서는 당연히 기본 이상의 교과 학습 능력이 키워져 있어야 한다. 또한 새로운 생각을 해낼 수 있는 창의적인 문제 상황을 만들어 준다면 학생들은 당연히 기존의 생각에서 벗어난 새로운 생각으로 문제 상황을 해결해 나갈 것이다.

　이렇게 교육 정책과 영재교육원의 선발 기준이 어떻게 변화하는지 그 트렌드를 잘 이해하고 준비한다면 영재교육원 입학은 결코 어려운 일만은 아닐 것이다.

2. 나만의 개성을 보여 줄 자기소개서

최근 영재교육원에는 1차 서류 전형에서 자기소개서를 많이 채택하고 있다. 적게는 1~2쪽에서 많게는 4~5쪽 불량의 자기소개서를 요구하는 영재교육원도 있다. 영재교육원에서 요구하는 항목들은 보통 아래와 같다. 자세히 살펴보고 실제 적어 보는 연습이 필요하다.

✓ ○○○ 영재교육원에 지원한 동기를 적어 주십시오.

✓ 자신이 지원한 분야에 영재성이 있다고 생각한 계기와 경험의 사례를 구체적인 예를 들어 설명하십시오.

✓ 지원 분야와 관련된 능력 계발을 위해 현재까지 어떤 노력을 해 왔으며 앞으로 무엇을 어떻게 할 것인지를 기술하여 주십시오.

✓ 자신의 강점과 약점에 대해 자세히 기술하여 주십시오.

✓ 수학·과학 분야와 관련하여 학습했던 내용 중 가장 흥미로웠던 학습 주제를 소개하고, 그에 관해 심화하여 배우거나 연구할 때 어떻게 학습하였는지를 (계획, 방법, 태도 등) 적어 주십시오.

이 밖에도 여러 항목들이 있지만 표현상 어감이 다를 뿐 묻고자 하는 핵심은 대부분 비슷하다. 아마도 영재교육원에 들어가기 위해 자기소개서를 작성해 본 경험이 있다면 알 것이다. 자기소개서를 항목별로 정해진 틀에 맞춰서 쓰는 것은 결코 쉬운 일이 아니다. 무엇을 써야 할지도 막막하거니와 각 영역별로 글자수가 제한되어 있는 경우 더욱 쓰기가 망설여진다.

경우에 따라 자기소개서를 비중 있게 보는 곳도 있고 그렇지 않은 곳도 있지만 만약 지필고사가 없는 영재교육원이라면 자기소개서의 비중이 상대적으로 더 올라간다. 보통 400~1,000자 정도의 제한된 글자수에서 나를 보여 줄 수 있는 것은 남과 다른 특별함과 개성이다. 남과 다른 아이템을 보유하고 있으면서도 그것을 잘 포장해서 어필해야 한다.

예를 들어 학습 관련 혹은 체험적 활동 등 다른 학생들도 무수히 참가하는 활동을 나열한다면 전혀 특별함이 없이 그저 평범하게 느껴지는 자기소개서가 될 수밖에 없다. 그렇다면 좋은 자기소개서는 어떤 것이고 평범한 자기소개서는 어떤 것인지 예를 들어 살펴보자.

사례 24

평범한 자기소개서의 예

수학, 과학과 관련하여 스스로 영재성이 있다고 생각하게 된 계기나 경험을 3가지 이내로 적어 주세요.(400자 이내)

'스도쿠'는 스위스의 수학자 레온하르트 오일러가 고안한 '마술 사각형'이라는 퍼즐 게임에서 유래된 것으로, 1980년대에 일본의 한 출판사가 도입했습니다. 부모님과 함께 간 서점에서 우연히 책을 사게 되었는데, 81칸을 4분 안에 풀어 부모님이 놀라워 하셨습니다. 그리고 학교 영재학급에서 포물선의 원리를 이용해 투석기 만드는 실험을 하였는데, 투석기 받침점의 높이(h), 받침점과 작용점의 거리(a), 받침점과 힘점의 거리(b), 힘점의 높이(s)에 따라 투석 지점이 달라지고, 원하는 지점에 떨어지게 하려면 이 네 가지를 적절히 조절하면 된다는 원리를 알아냈습니다. 예를 들어 높이 날면서 가까이 떨어지게 하려면 a를 작게 하고 s를 크게 하면 되고, 멀리 보내고자 할 때는 b와 받침점을 되도록 크게 하면서 투석이 45도로 날도록 a를 조절하면 됩니다. 저는 수학을 무척 좋아하다 보니 이런 원리를 수학적 관점에서 많이 생각합니다. 수학학원에서 '루미큐브' 게임을 하였는데 선생님께서 5~6학년 누나, 형들보다 잘한다고 칭찬해 주셨고, 매직샘 수학올림피아드에서도 매년 금상을 받았습니다.

앞 페이지에서 소개하는 자기소개서는 얼핏 보면 잘 서술된 것처럼 보이지만 그렇다고 뭔가 특별해 보이지도 않는다(사례 24). 내용 중 '4분에 81칸의 스도쿠를 풀었다.'라는 것은 물론 칭찬할 만한 일이지만 여기서 한발 더 나아가 새로운 유형의 스도쿠를(불규칙형 스도쿠) 언급하고 실제 문제를 만들어 영재수업에서 발표했다거나 하는 식으로 풀어냈다면 더 좋았을 것이다.

또 학교 영재수업에서 했던 내용을 서술하였는데 생각해 보면 전국 학교에 단위영재반이 무수히 많고 그 수업에서 하는 콘텐츠들이 대부분 비슷할 텐데 그 내용이 특별하다고 자기소개서에 적는 것은 그저 평범한 자기소개서로 보일 수밖에 없게 만든다.

사례 25

지원 전공과 관련된 내용을 학교에서 배울 때 가장 흥미로웠던 학습 주제를 소개하고, 그에 관하여 심화해서 배우거나 구한다면 어떻게 학습할 것인지 간략한 학습 계획을 작성해 보세요. (400자 이내)

4학년 1학기 때 8단원 규칙 찾기가 가장 흥미로웠습니다. ○○○ 영재교육원에서 공부하게 되면 다양한 규칙 찾기에 대해 공부하여 여러 수열을 만들어 보고 피보나치 수열처럼 주변에서 많이 찾을 수 있는 수열에 대해 여러 가지 연구를 하고 싶습니다. 요즘 저는 똑같이 생긴 아파트의 배열도 피보나치 수열로 하면 어떨까 하고 생각했습니다. 지금의 아파트 모양을 만약 다른 배열로 한다면 어떤 배열이 가장 효율적인지, 어떻게 하면 햇볕이 많이 올지, 앞의 전망이 좋으려면 어떻게 해야 할지를 피보나치 수열과 관련지어 연구하고 싶습니다. 황금비에 대한 것도 함께 연구할 것입니다.
그래서 제가 크면 연구한 것을 바탕으로 저만의 아파트 단지를 건설하여 사람들이 편안하고 휴식을 얻을 수 있는 공간을 만들어서 가족들이 행복하게 살아가는 모습을 보고 싶습니다.

수학 관련 수상 실적을 적는 것도 주의해야 한다. 무슨 대회이고 어디서 주최하는 것인가? 공신력은 있는 대회인가? 일반적 사설학원이나 단체에서 하는 경시대회 수상 실적은 크게 어필하지 못한다.

위의 자기소개서의 가장 큰 장점이라면 피보나치 수열을 우리가 흔히 알고 있는 자연, 숫자에 대입시킨 것이 아니라 아파트 구조를 통하여 환경적 효율을 높여 보고 싶어한다는 남다른 생각이 아니었을까 싶다. 그리고 그 생각과 연구에는 나 혼자만이 아닌 여러 사람들과 함께 누리고 싶다는 '인성'에 관한 부분도 나타나 있다(사례 25).

실제로 최근 영재교육원에 합격하는 친구들의 자기소개서를 보면 화려한 경시대회의 실적보다는 내가 무엇에 관심이 있고 그것을 위해 과거에는 어떻게 해 왔으며, 앞으로는 어떻게 해 나갈 것인지에 대한 내용이 명확하게 들어가 있다.

3. 영재교육원에서 출제되는 창의 융합 사고력 문제

사고력 수학, 창의력 문제 등의 타이틀은 영재교육원에 입학하면 학습하게 되는 고유명사처럼 여겨져 왔다. 하지만 최근에는 이런 창의 사고력 문제에서 한 단계 더 발전되어 융합 사고력을(수학, 과학이 융합되어 있는 문제) 측정하는 영재교육원이 조금씩 늘어나고 있다.

그리고 앞으로는 이런 융합적 사고를 측정하는 영재교육원이 더 많이 늘어날 것이다. 이는 현재 세계적 교육 이슈와 맞물려 우리나라의 교육 정책도 융합교육을 중요 교육 정책으로 생각하고 있기 때문이다. 더욱 중요한 이유는 아마도 글로벌 시대에 알맞게 창의적으로 융합적 사고를 할 수 있는 인재 양성이 절실히 요구되기 때문이 아닐까 싶다.

옆에서 제시하는 수학 문제는 철저한 실생활 활용 수학임과 동시에 아주 스마트한 논리적 사고를 필요로 하다. 실생활에서 이러한 경우라면 논리적인 사고를 얼마나, 어떻게 하느냐에 따라 금전적인 이득이나 손해를 볼 수 있다.

반면 융합 사고력 측정 문제는 아직은 초창기인 이유로 콘텐츠의 유형이나 종류가 충분하지 않다. 하지만 앞서 이야기했듯이 앞으로 최소한 대학 부설 영재교육원은 이런 유형으로 발전하지 않을까 싶다. 그럼 융합 사고력 측정 문제는 어떤 유형인지 살펴보기로 하자

융합 사고력 측정 문제

① 융합형 수업 전형 유형

수학, 과학을 기준으로 하는 과목이 있으며 그 기준 과목을 중심으로

창의 융합 사고력 문제

Q 요즘 대형마트가 생겨나면서 마트 간 경쟁으로 다양한 할인 행사를 실시하고 있다. 사람들은 할인 행사의 유혹에 이끌려 보다 저렴한 가격으로 물건을 구입하려고 대형마트를 찾는다. 그러나 구입한 물건의 결제 금액이 생각보다 많이 나와 당황하는 경우가 많다.

집 근처에 두 개의 마트가 생겼다. 이 두 마트에서는 빵을 다음과 같이 할인 행사하고 있다. A마트는 빵을 '2+1할인' 행사를 하고 B마트에서는 빵을 10% 할인해서 팔다가 20% 더 할인해서 판다. 빵을 2개, 3개, 4개 구입할 경우 각각 어느 마트에서 빵을 구입하는 것이 좋은지 수학적 근거를 들어 설명하시오.

A 3개, 6개처럼 2+1이 극대화되지 않으면 할인이 좀 더 싸다. 기본적으로 같은 비율이라면 할인보다 덤을 주는 것이 소비자에게는 더 손해이다. 하지만 심리적으로 1천 원 할인과 1천 원짜리 물건을 더 받는 것은 큰 차이가 없거나 물건을 더 받을 때 '이득'이라고 느끼기 쉽기 때문에 덤 행사를 많이 한다.

빵 한 개 가격을 x원이라 하면	빵 2개	빵 3개	빵 4개	빵 5개	빵 6개
A마트는 2+1	2x	2x	3x	4x	4x
B마트는 10% 할인 후 20% 할인 (단순 할인 중복 30%)	1.4x	2.1x	2.8x	3.5x	4.2x
B마트는 10% 할인 후 20% 할인 (복리 계산 28% 할인)	1.44x	2.24x	2.88x	3.68x	4.48x

ART, 기술 등 다양한 영역이 융합된다.

경우에 따라 어떤 주제를 선정하여 직접 수업을 진행하는 경우도 있다. 그 후 학생들에게 배운 내용을 바탕으로 본인들의 창의적인 생각과 지식을 결합하여 보고서 및 산출물을 만들어 제출하도록 한다. 이때 산출물과 같은 경우는 예술적 감각을 표현하면 더욱 인정을 받는다.

보고서, 산출물은 개인별 또는 모둠별로(대체로 개인별) 이루어질 수 있으며 수업 중에 전개되는 수업 태도, 발표, 구성원들 간의 의사소통 능력, 리더십 등을 평가하게 된다.

② 융합형 문제 전형 유형

최근 영재교육원에서 출제되는 융합형 문제에는 수학, 과학을 직접적으로 접목한 것들이 있는가 하면 수학, 과학의 기본 개념을 활용한 실생활 활용 문제도 많이 출제된다. 또 면접 시험에서는 학생들의 인성을 확인할 수 있는 문제도 자주 출제되고 있다.

이런 종합적인 문제에 대응하기 위해서는 학생들이 다양한 지식들을 잘 융합하여 설명할 수 있어야 하며 인성적으로도 성실하고 착한 학생의 이미지를 심어 주어야 한다는 결론에 도달하게 된다.

〈문제〉

지구에 의한 중력은 거대하고 무거운 지구가 물건을 당기는 만유인력과 지구의 자전에 의한 원심력으로 이루어져 있다. 만유인력은 질량을 가진 두 물체가 서로 당기는 힘으로 서로 가까울수록 커지고 멀어질수록 작아지며 무거울수록 크고 가벼울수록 작아진다.

(1) 지구에서 중심까지 긴 수직 통로를 뚫었을 때 그 통로를 따라 내려가면서 체중을 측정한다면 어떻게 변화할지 설명하시오.
(2) 똑같은 사람이 적도, 한국, 남극에서 몸무게를 젤 때 가장 무거운 곳과 가벼운 곳은 어디인지 쓰시오(단 지구는 완전한 원이 아니라 적도 쪽이 부푼 타원체 형태이다.).

〈정답〉

(1) 점점 증가하다가 핵을 지나면서 감소하고 중심에 들어가면 0이 된다. 지구는 무거운 핵이 중심에 존재하므로 핵에 가까이 갈수록 거리가 줄어들어 중력이 다소 증가하다가 핵 내부로 들어가면서 거리는 그대로인데, 질량이 줄어들어 결국 0이 된다.
(2) 가장 무거운 곳은 남극, 가장 가벼운 곳은 적도이다. 남극은 지구 중심과의 거리도 가깝고 지구가 회전하면서 생기는 원심력도 중력의 영향을 받지 않기 때문에 가장 몸무게가 크게 나온다. 적도는 지구 중심과의 거리도 멀고 원심력에 의해 중력이 감소되므로 가장 가볍다.

융합형 문제의 전형적인 유형

융합형 문제에 대해 알았다면 전형적인 유형의 풀이를 통해 문제의
경향을 파악해 보자.

Q 우리가 밟고 있는 땅은 수 만년의 세월을 거쳐 조금씩 만들어졌다. 그리고 지질학자들은 이 땅이 어떻게 만들어 졌는지 열심히 연구하고 있다. 땅을 구성하는 암석은 크게 퇴적암 화성암 변성암으로 구성되어 있다. 퇴적암은 여러 가지 퇴적물(모레, 진흙, 돌 등)이 쌓여서 만들어진 암석이고 화성암은 지하의 마그마가 굳은 암석이며 변성암은 화성암과 퇴적암이 큰 열이나 압력을 받아서 생겨난 암석이다. 지질학자는 이러한 암석 간의 관계를 연구해서 지구의 역사를 조사하고 있다. 그중 가장 중요한 점은 땅을 구성하는 암석이 어떠한 순서로 만들어졌는지 구분하는 것이다.

1. 다음 자료를 보고 만들어진 순서를 구하고 그 이유를 서술하시오.

> - 지층 : 오랜 시간에 걸쳐 퇴적되어 굳어진 퇴적물이 쌓여 형성된 퇴적암을 지층이라 한다.
> - 지층 누중의 법칙 : 퇴적층은 서로 다른 종류의 퇴적물이 쌓여서 이루어진 것으로 지층이
>   역전되지 않았다면 하부 지층이 상부 지층보다 먼저 생성된 것이다.
> - 관입의 원리 : 화성암이 다른 암석을 관입했을 경우 관입을 당한 암석이 관입한 암석보다
>   오래된 것이다.
> - 부정합의 원리 : 퇴적 지층 속에서 상하 두 지층의 관계가 연속적으로 퇴적되지 않은 부정
>   합인 경우 두 지층 사이에는 오랜 시간 간격이 있었다.
> -지층 역전 : 지층이 뒤집혀서 상하 관계가 바뀌는 것
> -관입 : 기존 지층을 뚫고 마그마가 들어와서 굳는 것
> -부정합 : 기존 지층이 풍화되고 새로 지층이 형성될 경우 생기는 불연속적인 부분

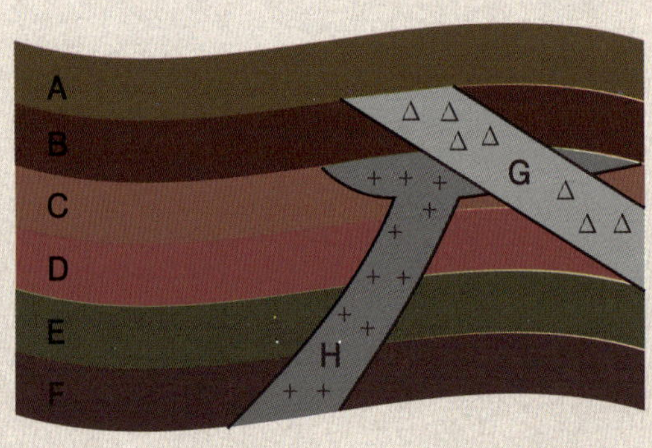

A, B, C, D, E, F는 퇴적암,
H(+), G(△)는 관입한 화성암

2. 지층을 조사하면 간혹 화석이 발견된다. 화석이 발견되면 그 생물이 살았던 시대를 통해 지층이 생성된 시간도 알 수 있다. D 지층에서 삼엽충 화석이 발견되고 A 지층에서는 매머드 화석이 발견되었다. 아래의 표를 보고 공룡 화석이 있을 확률이 가장 높은 지층을 찾고 그 이유를 설명하시오.

화석이름	시대
삼엽충	5억4천만 년~5억2천만 년 전(고생대)
갑주어	4억8천만 년~3억6천만 년 전(고생대)
암모나이트	1억3600만 년~6500만 년 전(중생대)
공룡	2억4500만 년~6600만 년 전(중생대)
매머드	480만 년~4천 년 전(신생대)
화폐석	6500만 년~200만 년 전(신생대)

A

1.
① 지층 누적의 원리에 의해 F-E-D-C
② 관입의 원리에 의해 H
③ 부정합의 원리에 의해 B
④ 관입의 원리에 의해 G
⑤ 부정합의 원리에 의해 A
　따라서 오래된 것부터 F-E-D-C-H-B-G-A의 순서이다.

2. 화석이므로 화성암에는 생성될 수 없고 공룡은 매머드와 삼엽충 사이의 기간이므로 B와 C가 가능하다. 하지만 삼엽충과 공룡의 시대 간격이 크기 때문에 바로 쌓인 C보다는 부정합으로 긴 시간 간격이 있는 B에서 발견될 확률이 가장 높다.

1. 일정한 금액을 주고 특정한 물건 사오기

2. 줄서 있는 그림을 보여 주고 그림 속 대화 내용을 추론해서 쓰기

3. 실험실에서 삼각형과 사각형이 모두 있는 것을 10가지 이상 찾으시오.

4. 2014년 크리스마스에 서울특별시에서 케이크가 몇 개 팔릴지 구해 보시오(단, 서울 시민의 수를 가정하여 구하시오.).

5. 짝수와 홀수 중 세상에 더 많은 수는 무엇이고 이유를 쓰시오.

6. 최근 초고층 빌딩, 아파트들이 건설되고 있다. 우리나라처럼 땅이 좁은 지역에서는 효율적일 수 있지만 씽크홀, 교통체증 등 위험성 또한 심각한 문제로 떠오르고 있다. 이처럼 효율적인 생산성과 사회적 비용 부담 중 어떤 측면이 효과적일지 수학적인 논리로 설명하시오.

7. 수학(과학)이란 무엇이고, 우리가 수학(과학)을 배워야 하는 이유는 무엇인가?

8. 학교에서 모둠 활동을 하면서 팀원들과 의견이 충돌한 경우에는 어떻게 해결해야 하는가?

 영재교육원 수학 프로젝트,
이런 주제로 승부하라

▶▶▶ 최근에 학생들을 관찰해 보면 대체적으로 참 똑똑하다는 생각을 많이 하게 된다. 스스로의 노력이든 사교육을 많이 받아서든 요즘 학생들은 분명 과거에 비해 비교적 많은 정보에 노출되어 있고 본인들이 얻고자 한다면 충분히 그 정보들을 습득할 수 있는 환경에 놓여 있다.

하지만 본인이 알고 있는 것을 남들에게 보여 주는 것은 조금 차원이 다르다. 본인이 아무리 많은 지식과 정보를 알고 있더라도 그 정보를 남들에게 잘 표현하지 못하고 보여 주지 못한다면 앞으로의 시대에는 그다지 바람직하지 못한 인재상이라고 해도 과언이 아니다. 누가 잘 표현하느냐에 따라 선택과 결정이 달라질 수 있다.

얼마 전 우연한 기회에 서울에서 가장 유명하다는 모 대학 영재교육에서 본교 영재원 학생들을 대상으로 추최하는 프로젝트 대회를 관람할 기회가 있었다. 사전 선발에 뽑힌 20개 팀이 대학교 대강당에 모여 교수님과 학부모, 모든 영재교육원생들 앞에서 프레젠테이션을 하고 그중에서 다시 우수한 5개 팀을 선발하여 상장을 수여하는 자리였다.

발표 당일, 대강당에는 20개 팀의 발표 포스터가 전시되어 있었고 그중 수학 관련 포스터는 5~6편 정도였다. 주저 없이 본능적으로 필자의 시선은 수학 포스터로 향했고 하나하나 차분히 읽어 내려 갔다. 프로젝트의 주제는 보통 암호, 무게 중심, 음악에서 발견할 수 있는 수학적 요소, 조선시대의 수학 고찰, 엘리베이터 vs 걷기의 효율적 선택 등 여러 가지였다. 하지만 솔직히 첫 느낌은 '아! 특별한 게 없구나.'였다.

학생들이 최선을 다해 프로젝트를 완성한 부분은 칭찬할 만하지만 필자가 보기에 신선한 주제가 거의 없이 기존에 언젠가 한 번은 본 것 같은 내용을 조금 변형해서 한 경우가 많았다.

그리고 만약 본인의 프로젝트에 야간 미흡한 부분이 있다고 판단된다면 프레젠테이션으로 그 단점을 극복해야 하지만 그렇지 못한 팀도 있었다. 필자의 예상대로 수학 관련 프로젝트는 상위 5개 팀에 아무도 들지 못했다.

과연 무엇이 문제였을까? 나름 수학 깨나 한다는 학생들이 모여 토론하고 주제를 정해 자료를 준비했을 텐데, 대체 왜 수학 관련 주제를 선택한 팀이 단 한 팀도 상위권에 들지 못한 것일까?

프로젝트 주제는 참신하게 잡을 것

요즘은 과학고, 영재학교는 물론이고 영재교육원에서도 R&E 활동을 많이 한다. 그만큼 프로젝트, 연구 보고서가 중요해졌으며 앞으로 그 중요성은 더욱 인정받을 것이라고 생각한다.

그 중요성의 이면에는 이 학생이 앞으로의 도전 과제나 꿈을 위해서 과거 또는 현재에 어떤 과정을 경험하고 탐구하고 있는지를 확인하려는 의도도 있다.

프로젝트에서 어떤 것이 효과적이고 좋은 주제일까? 수학이든 과학이든 프로젝트는 주제가 신선해야만 한다. 지금껏 누구도 연구하지 않았고 생각하지 못했던 그런 주제를 선정해야 한다.

그리고 우리 실생활과 밀접해야만 한다. 그래서 그 프로젝트의 연구 결과가 우리 생활에 이롭게 작용할 수 있다는 것을 직·간접적으로 보여 주어야 한다.

그런데 이러한 주제를 선정하는 것은 결코 쉬운 일이 아니다. 만약 주제를 정하는 것이 어렵다면 우선 본인이 좋아하거나 관심 있는 분야에서 주제를 잡아 볼 것을 제안한다. 좋아하는 것, 최근 관심이 가는 것들을 리스트로 작성하고 마인드 맵을 그리듯이 서로의 연계성을 생각해 보는 것도 좋은 방법이다.

아니면 본인이 평소에 생활하면서 불편하거나 이상하다고 느낀 적은 없었는지를 곰곰이 고민하면 프로젝트의 주제가 의외로 쉽게 떠오를 수 있다. 글을 쓰면서 여름철이라 모기 때문에 불편함을 많이 느꼈다. 최근에는 스마트폰에 모기퇴치 어플도 있지만, 수학을 이용해서 모기를 쫓는 것은 어떨까?

자신이 흥미로워 하는 것이 테셀레이션이라면, 테셀레이션을 활용하여 벽지를 디자인하면서 해충 퇴치 기능이 있는 패턴을 개발해 보는 것이다.

다양한 테셀레이션 모양을 가로, 세로 각각 20㎝의 종이로 만들어 놓은 후, 초파리나 모기 등을 잡아넣어 머무는 시간을 측정하는 것이 탐구의 과정이 될 수도 있다. 아주 간단해 보이는 실험이지만 수학과 과학이 융합된 훌륭한 프로젝트가 될 수 있다.

그리고 시대와 상황에 따라 그 사회에서 현재 이슈가 되고 있는 이벤트나 흐름, 사건사고 등을 많이 참조하면 좋다. 특히 사건사고가 많을 때에는 더욱 뉴스를 열심히 보고 어떤 부분을 수정하고 보안을 하면 사람들에게 도움을 줄 수 있을지 생각해 본다.

그 일에 수학적, 과학적인 요소는 어떤 것들이 있을지 고민하고 이것만 수정하면 좋을 것 같다는 의문과 탐구심을 갖고 계속 생각하다 보면 의미 있는 주제들을 많이 생각해 낼 수 있을 것이다.

실제로 프로젝트 발표회에서 우수작을 받은 작품들 중에는 사회적으로 이슈가 되었던 내용들을 좀 더 세부적으로 탐구한 작품들이 들어 있었다.

끝으로 주제 선정에 있어서 중요한 것이 바로 관심과 즐거움이다. 본인이 가장 관심이 있는 분야가 무엇인지 그리고 무엇을 할 때 가장 즐거운지를 생각해 보라.

프레젠테이션 발표

아직 어린 학생들이 대강당에 모여 많은 사람 앞에서 마이크를 잡고 발표하기란 쉽지 않다. 아마 일반 어른들이라도 긴장되고 입이 바싹바싹 마를 것이다. 하지만 프레젠테이션 자리에 서면 결코 피할 수 없다. 자신이 준비해 온 자료를 효율적으로 전달하는 데에만 집중해야 한다.

1. 프로젝트는 남이 아닌 내가 연구한 결과물이다.

프로젝트의 결과물은 온전히 나만의 노력이 들어간 작품이다. 그렇기 때문에 프로젝트의 모든 과정을 이해하며 통찰하고 있어야 한다.

발표를 할 때는 가급적이면 손에 발표 자료나 다른 자료를 들지 않는 것이 좋다. 모든 과정과 순서를 머릿속으로 충분히 인지해서 발표해야 한다. 종이를 넘기면서 무언가를 보는 데 시간을 허비하고 청중과의 시선 교환을 방해받지 말기 바란다. 오로지 발표에만 전념할 수 있도록 충분히 연습해 두어야 한다. 특히 본인보다 다른 어른이 많이 개입된 작품은 더욱 철저하게 이해하고 있어야 한다.

2. 예상 질문을 작성하여 질문하라.

발표가 끝나면 간단한 질의응답 시간이 있는 경우가 있다. 미리 예상 질문을 작성하여 적절한 답변을 준비해야 한다. 예상 질문 중 본인의 연구에서 스스로 미흡하다고 생각하는 부분이 있는지가 우선 순위를 결정짓는다. 짧은 발표 시간이 지나면 실제로 심사위원들은 머릿속에 남는 자신의 관심사를 중심으로 질문을 한다. 하지만 공통적인 질문은 이 연구가 어떻게 논리적으로 타당한 효과가 있는가이다.

끝으로 이번 연구를 계기로 더욱 발전시켜 연구하고 싶은 분야를 묻는 항목 정도로 순서를 정하여 예상 질문으로 준비하면 좋다. 이렇게 예상 질문을 약 10개를 준비하고 간다면 든든한 마음이 생겨 발표에도 더욱 힘이 실리고 긴장도 풀릴 수 있다.

만약 교수님이 보기에 좋은 연구라고 생각된다면 간혹 이 연구를 본인이 정말 주도하여 연구했는지, 연구 기간, 주제 선정의 모티브, 연구 기간 동안 어려웠던 점, 즐거웠던 점 등 아주 세세한 부분까지 질문할 수 있으니 꼼꼼한 부분까지 신경 써야 한다.

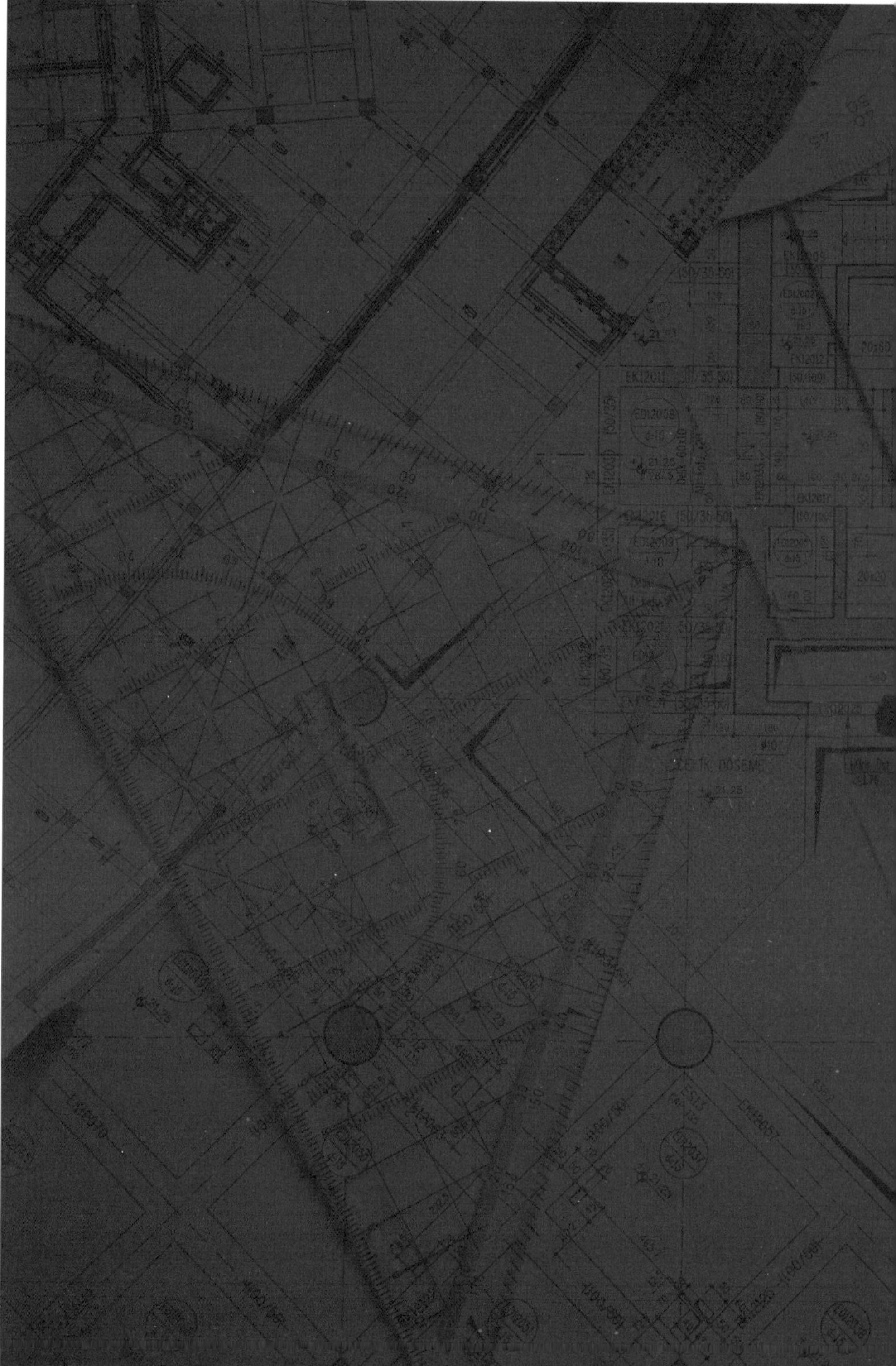

사고력 수학의 학습 전략 X파일

사고력 수학을 학습하는 것은 말처럼 쉽지 않다. 오랜 시간 훈련이 필요한데, 이 파트에서는 필자가 그간의 경험을 바탕으로 얻은 전략을 알려 주고자 한다. 각 학년별로 중요한 학습 전략을 파악함으로써 절대적 시기를 헛되이 보내는 실수를 저지르지 않도록 하자.

유아기~초등 1학년의 수학 학습 전략

▶▶▶ 수학의 왕도는 무엇일까? 가장 중요한 과목이니만큼 일찍부터 신경 써서 아이를 이끌지만 학년이 올라갈수록 잘하기가 더 어려워지는 과목이 수학이다. 수학을 잘하던 아이라도 어느 순간에는 때를 놓친 것 같고 뒤처진 느낌을 받게 된다. 때를 놓치지 않도록 연령별 최선의 수학 학습 전략을 공개한다.

① 24개월~6세까지

6세까지는 선행이나 심화를 하기보다 수학적인 머리, 수학에 대한 흥미나 호기심을 키워 주어야 한다. 특히 어릴 때부터 단순 자극적인(소리 나거나 불빛 나는) 장난감을 많이 가지고 놀면, 머리로 생각하지 않고 재미있는 자극만 쫓게 되어 지속적으로 다른 장난감을 구매하려고 할 뿐 생각하는 힘이 길러지지 않는다. 또 창의력이나 열린 사고력을 길러 준다고 해서 무조건 아이의 말이 옳다고 하면, 나중에는 자기 마음대로 문제를 해석하는 경향이 생겨서 통제가 어려워지므로 적절한 수위 조절이 필요하다. 수학은 논리적으로 생각하는 학문이므로, 생각하는 즐거움을 아는 아이일수록 수학과 가까워진다. 또 책을 읽으면 언어적인 이해력과 논리력을 키우는 데도 도움이 될 것이다.

따라서 장난감보다는 교구를 가지고 놀게 하자. 교구를 가지고 노는 것은 더 흥미진진한 생각놀이가 될 수 있다. 창의적이고 다양하게 구성하는 방식을 통해 열린 사고를 형성하면 아이는 생각하는 즐거움을 알게 될 것이다. 가베, 수 블록, 클리코, 줍, 레고 등을 틀에 박힌 방식으로 지도하기보다 모두 펼쳐서 자유롭게 구성하고 활동할 수 있게 해 주는 것이 좋다. 또 수학동화를 읽도록 지도하고, 방문학습지보다는 서점에서 파는 사고력 문제집이나 창의력 문제집을 구입해서 그날의 활동 내용과 연결하여 풀어보는 시간을 갖는 것도 효과적이다.

② 취학 직전

7세가 되면 교구를 가지고 활동했던 경험을 살려서 문제를 이해하고 풀어내는 연습을 해야 한다. 시간이 걸리더라도 아이가 문제를 읽고 난 뒤 엄마에게 설명해 보라고 하여 아이가 이해하지 못하는 부분이 어떤 것인지 엄마가 파악한다. 이해하지 못한 부분에 대해서는 수학 교구를 활용하면서 함께 문제를 해결해 보도록 하는 것이 시간은 더 걸리지만 더 효율적인 학습법이다. 엄마가 해 주기 어렵다면 사고력 수학학원에 보내는 것도 좋다.

7세 때 유의해야 할 것이 또 있다. 반복적인 연산만을 중심으로 하여 학습하면 수학적 사고력을 기르기 어렵다.

1+1=2, 1+2=3, 1+3=4 ……

이러한 빈칸 채우기는 그저 단순 반복 학습이기 때문에 수학적인 흥미를 잃기 쉽다. 또 식이 눈에 보이기 때문에 문제를 아예 읽지 않고 풀게 되므로, 나중에는 문제를 제대로 읽지 않는 습관을 기르게 되어 실력에 비해 수학 점수가 낮게 나오는 원인이 되기도 한다. 따라서 연산 반복보다는 보드게임이나 교구 활동을 통해 전략적 사고력을 키우고, 수학적인 머리를 키우는 데 집중해야 한다.

③ 초등학교 1학년

7세 이전에 교구를 이용한 활동 경험이 충분히 없었다면 저학년 때도 문제 이해 능력이 떨어지고 수학에 대한 흥미도도 약해진다. 문제를 읽어도 머릿속에 상황이 잘 연상되지 않기 때문이다. 또 엄마가 문제를 읽고 매번 설명해 준다면 아이는 스스로 문제를 읽고 이해하는 능력이 계발되지 않고 엄마에게만 의존하게 된다. 학년이 올라가면서 많아지는 학습 분량을 엄마나 선생님이 일일이 설명하여 이해시키는 것은 불가능하다.

엄마의 설명이나 선생님의 강의식 수업을 듣는 방식으로 수학을 공부한 경우, 학년이 올라갈수록 문장제 문제를 풀지 않으려고 하거나, 어려운 문제는 아예 잘 모르겠다고 시도를 하지 않게 된다. 이것은 스스로 생각을 해서 문제를 해결한 것이 아니라 다른 사람이 설명해 주는 방식을 기억했다가 그대로 풀어낸 것이므로 학년이 올라갈수록 수학과의 갈등이 심해진다.

1학년은 아직 시간적 여유가 있다. 단 유치부 때와 다른 점은 교구는 이해를 돕는 용도로만 사용하고 사고력 문제나 문장제 문제를 읽고 연상이 가능해지는 연결고리로만 활용해야 한다는 것이다. 또 또래간의 토론식 수업 경험을 늘려 주면 문제를 합리적으로 푸는 것이 몸에 배게 되어 수학적 사고력이 계발된다.

02 초등학교 2~4학년의 수학 학습 전략

▶▶▶ 1학년이 지나면서 어떤 단원을 공부할 때 아이가 즐거워했고, 또 어떤 단원이 시간도 오래 걸리고 이해하기 어려웠는지 생각해 보면 아이 중심의 사고력 수학 학습 방향을 잡을 수 있다. 특히 아이가 연산만 잘하는 경우라면 하루빨리 수학적 사고력을 강화하는 쪽으로 학습 방법을 전환해야 한다. 연산이 모든 수학 영역에서 기본이 되는 것은 맞지만 학년이 올라갈수록 연산만으로는 절대 해결할 수 없는 문제들이 늘어난다. 문제 이해력과 수학적 사고력이 같이 성장하지 못하면 학년이 올라갈수록 수학에 대한 흥미와 자신감을 잃기 쉽다.

2학년은 여유 있게 수학적 사고력의 기반을 다질 수 있는 마지막 기회이다. 물론 3학년 이후에도 수학적 사고력 계발은 가능하지만, 수학 교과 내용도 많아져서 계발 속도가 상대적으로 느리고, 상위권과 중위권의 격차가 벌어지기 시작하므로 조급함만 커질 수 있으니 2학년 기간을 잘 활용하여 수학적 사고력의 기반을 튼튼히 해야 한다. 그리고 3, 4학년 때는 교과를 기반으로 심화 사고력을 키워야 진짜 내 아이의 실력이 된다.

교과에서 어려워했던 단원이 있다면 교구를 이용하여 구체물 활용 경험을 늘려 준 후 문제를 해결할 수 있도록 한다. 또한 양 비교하기, 표 만들기, 분류하기, 길이 비교하기 등은 과학 사고력 수업을 통해서 계발될 수 있으므로 2학년 때 과학 실험의 탐구 경험을 늘려 주는 것도 수학을 잘할 수 있는 또하나의 전략이다. 이때 단순한 실험 결과 확인하기식의 수업이 아니라, 실험 과정에서 직접 조작해 보고 의문을 가지면서 독서와 연계하도록 한다. 과학 일기를 쓰면 수학적 사고력 계발에 큰 도움이 된다.

1, 2학년 때 교과 선행 중심으로만 수학을 학습하는 것은 장거리 마라톤 경주에서 초반에 모든 에너지를 쏟아 전속력으로 달리는 것과 같다. 이럴 경우 중·후반 레이스에서는 활용할 힘이 남아 있지 않게 되므로, 수학을 힘들어하거나 중도 포기하게 될 수 있다. 초반에는 선두그룹을 유지하면서 몸도 충분히 풀고 중·후반에 쓸 힘도 비축해 두어야 한다. 초반 레이스에서 수학적 사고력을 충분히 계발해 두어야 중·후반에 얼마든지 실력 발휘를 해서 좋은 성과를 얻을 수 있다.

초등학교 3~4학년의 수학 학습 전략

꼭 사고력의 기반 위에서 선행 심화를 하자.

1, 2학년 때까지 수학적 사고력과 구체물 조작 경험을 충분히 가진 경우에는 최상위권의 자리를 굳건히 하기 위해 또래 친구들과 함께하는 토론 수업 경험이 꼭 필요하다. 토론식 수업은 가장 합리적인 방법으로 오류 없이 정확히 문제를 풀어낼 수 있는 길을 스스로 발견하게 도와준다. 또한 자신의 논리적 오류를 발견하고 해결의 실마리를 찾으므로 사고력 시험 때마다 범하는 잦은 실수를 막아 주며, 응용 문제나 심화 문제도 쉽게 풀 수 있도록 도와준다.

합리적인 해결법을 강의식으로 전달하면 아이는 풀이 과정을 이해하는 것으로 끝나기 때문에 실제로 새로운 유형의 문제나 난이도 높은 문제를 해결하는 문제 해결력은 계발되지 않는다. 수학 문제를 해결하면서 아이 스스로 느끼는 깨달음의 즐거움이 수학 학습의 즐거움과 자신감으로 연결된다는 것을 명심하자. 수학적 사고력의 기본 틀이 어느 정도 잡힌 상태에서 선행이나 심화를 시작하면 특별한 설명이 없어도 아이 스스로 내용을 이해하고 교과 문제를 술술 풀어 나갈 수 있게 된다. 실제 우리나라의 8차 수학 교육 과정 개관을 살펴보면 최근의 연구 결과를 기반으로 저학년 때는 특히 구체물을 중심으로 하는 사고력 계발이 선행 심화 등의 교과 학습보다 우선되어야 함을 강조하고 있다.

우리나라의 실정에 맞는 가장 이상적인 수학 학습 방법을 도형을 예로 들어 설명하면 아래와 같다.

'도형에 대한 사고력 수업을 통해 원리를 충분히 이해하고, 적용할 수 있게 된 상태에서 학년을 거슬러 올라가며 도형 관련된 교과 문제를 푸는 것이다.'

이때 선행 심화 속도는 철저히 아이 중심으로 맞춰야 한다. 이러한 방식으로 6학년까지 수학 사고력을 기반으로 해서 중등 2, 3학년 정도까지의 심화 선행을 마치면 중등 영재교육원이나 특목고 진학이 충분히 가능하다. 요즘은 모든 특목고가 선행 문제를 출제하지 않는다. 문제 해결력을 보는 사고력 문제를 출제하기 때문에 수학에 대해 원래 타고난 아이가 아니고서는 교과 선행학습만으로는 좋은 결과를 기대하기 어렵다.

초등학교 2~4학년의 수학 사고력이 초등 고학년, 중등 수학 성적을 좌우한다. 그만큼 수학 학습에 승부수를 띄워야 하는 가장 중요한 시기이다. 초등 1학년 때는 비슷비슷하던 아이들의 실력이 이때부터는 차이가 나타나고, 강점과 약점이 드러나게 되므로 수학에 대한 흥미와 자신감을 잃지 않도록 꾸준히 관리해 주어야 한다. 예전처럼 엉덩이를 오래 붙이고 앉아 수학 문제를 푸는 아이보다 요즘은 적절한 시간에 합리적으로 문제를 풀고 독서와 실험 탐구를 많이 하는 아이들이 창의적이고, 리더쉽도 강하며, 교내외 성적도 좋다는 것을 명심하자.

04 초등학교 5~6학년, 중등까지의 수학 학습 전략

사고력을 극대화 했다면
심화 선행에 붙은 엄청난 속도를 즐겨라!

유아기 때부터 4학년까지 수학적 사고력을 꾸준히 잘 계발해 왔다면 누구나 본격적으로 효과가 눈에 띄는 시기는 5, 6학년이다. 이때부터는 같은 학년이라도 저학년을 어떻게 보냈는가에 따라 실력 차이가 따라갈 수 없을 정도로 벌어진다. 특히 과학고를 목표로 제대로 준비하고 있다면 수학 사고력을 기반으로 한 선행, 심화에 탄력이 붙는 시기이다.

심화, 사고력 문제에도 자신이 있는 최상위권 5학년이라면 영재교육원을 목표로 같은 수준의 또래들과 토론식의 사고력 수학을 꾸준히 해 나가야 한다. 별도로 사고력, 심화 문제를 풀어보며 가장 합리적인 문제 풀이법을 스스로 정리해야 한다. 선행도 꾸준히 병행해야 한다. 사고력으로 문제를 풀 수 있는 식을 세운 후 선행을 이용하여 풀어야 빠른 시간 안에 답을 구할 수 있다는 점을 명심하자. 조급하게 선행을 더 하는 것보다는 심화 사고력 쪽으로 비중을 두는 것이 중·고등 개념까지 치고 올라가는 데 훨씬 유리하다.

초등학교 5학년 중위권의 수학 학습 전략

아이의 수학 사고력과 선행 정도를 진단하여 효율적으로 접근하라.

5, 6학년 수학에서 이해하지 못하는 단원이 생기거나, 자칫 수학에 대한 자신감을 잃게 되었다면 5학년까지 교과나 선행을 중심으로 강의식으로 수학을 학습한 경우가 대부분이다. 수학은 문제 해결력이 중요한 학문이어서 스스로 문제를 해결해 보고 안 되는 부분을 토론해 가며 해결해야 한다. 그런데 강의식으로 이해만 하다 보니 문제 이해력은 있으나 정작 자발적인 문제 해결력은 계발되지 못해 이러한 현상이 나타나는 것이다.

이때 중학교에 가서 수학을 잘하게 하기 위해서는 중등 개념을 선행학습하기보다 자기 학년 중심의 심화 학습을 하면서 사고력을 보강하여 수학 학습의 기본기를 충실히 다져야 상위권 도약을 노릴 수 있다. 수학 사고력 전문가로서 그간의 경험을 볼 때, 수학 사고력 계발은 초등학교 시기에 모두 이루어져야 한다. 결국 초등학교 시기를 어떻게 보냈느냐가 중·고등학교 진학 및 대학 진학을 결정한다고 할 수 있다.

06 초등학교 6학년의 수학 학습 전략

상위권이라면 중등 영재교육원과 특목고 입학이라는 두 마리 토끼를 잡아라!

초등 고학년 상위권이라면 중등 영재교육원, 특목고 코스를 추천한다. 이는 중등 영재교육원 선발 문항 자체가 사고력으로 구성되어 있어서 특목고(과학고, 민사고, 외고)에서 실시하는 학문 적성검사와 영재판별 검사가 문제 유형이 같기 때문이다. 영재교육원 시험을 준비하는 것은 특목고 입시를 대비하는 것과 같다. 아울러 점점 대입에서 비중이 커지고 있는 대학 수학능력시험을 대비하는 것이기도 하다.

실제로 중2, 중3의 학년 중심 강의를 들으며 교과 선행학습을 한 경우 물론 개인차가 있겠지만 이해도가 20~30% 미만으로 단순히 예습한 것에 불과할 수도 있다. 어설픈 선행학습보다는 심화를 하는 것이 낫고, 심화만 하는 것보다는 수학적 사고력을 키우는 것이 내 아이의 자신감 있고 즐거운 수학 학습을 위해 꼭 필요하다. 학교 교과는 100점이 나오지만, 사고력이나 심화 문제를 힘들어하는 6학년이라면 중1 시기를 토론식으로 진행하여 사고력 계발에 좀 더 투자하면서 심화를 함께하고, 중2~3에 전속력으로 심화 선행을 하면 특목고 진학을 기대할 수 있다.

수학에 대한 학부모 인식 조사

내 아이의 수학 학습에 대한 부모의 인식을 알아볼 수 있는 점검표이다. 솔직하게 자신의 상태를 점검해야 아이의 학습 전략도 실질적이고 효과적으로 세울 수 있다.

수학에 대한 학부모의 인식	체크			취약점 체크
	1	2	3	
1 1년 이상 항상 선행학습을 하면 심화 문제는 자연히 풀린다고 생각한다.	아니다	보통	그렇다	
2 단원평가 점수가 70점이 나오면 중상위권이라고 생각한다.	아니다	보통	그렇다	
3 수학 학습지를 꾸준히 하는 것은 수학 실력 강화를 위해 꼭 필요하다.	아니다	보통	그렇다	
4 학교 성적이 90점 이상이 나오더라도 100점이 아니면, 반복해서 문제집을 푸는 것이 실수를 줄여 줄 것이다.	아니다	보통	그렇다	
5 수학은 학습 시간이 길수록 좋은 성적이 나오는 과목이라고 생각한다.	아니다	보통	그렇다	
6 보드게임이나 장기, 바둑 등이 수학 과목과 직접적 연관은 없다고 생각한다.	아니다	보통	그렇다	
7 하루에 4~5개의 사고력 문제를 풀면 사고력이 향상될 것이라 생각한다.	아니다	보통	그렇다	
8 어려운 문제는 엄마가 문제를 설명해 주고 나서 반복해서 풀도록 한다.	아니다	보통	그렇다	
9 현재 내 아이가 수학을 잘 못하는 것은 문제집을 많이 풀지 않았기 때문이다.	아니다	보통	그렇다	
10 내 아이는 수학은 잘하는 편이지만, 수학을 좋아하지는 않는다.	아니다	보통	그렇다	

	수학에 대한 학부모의 인식	체크			취약점 체크
		1	2	3	
11	학년이 올라갈수록 아이에게 수학 문제에 대해 설명해야 하는 시간이 많아질 것으로 예상한다.	아니다	보통	그렇다	
12	학년이 올라가면서 우리 아이는 수학에서 최상위권을 유지하지 못할 것이다.	아니다	보통	그렇다	
13	외부적인 보상을 해 준다는 약속이 없으면 100점을 맞겠다는 목표의식이 약해질 것이다.	아니다	보통	그렇다	
14	수학 학습의 왕도는 문제를 많이 풀어 보는 것이다.	아니다	보통	그렇다	
15	학습지를 꾸준히 시키는 것은 수학의 기초를 잡는 의미가 있다.	아니다	보통	그렇다	
16	한 권의 문제집에 나오는 문제는 쉽든 어렵든 모두 풀어서 마무리하는 것이 좋다고 생각한다.	아니다	보통	그렇다	
17	내 아이는 학년이 올라가면 스스로 수학 학습을 하기는 어려울 것으로 예상된다.	아니다	보통	그렇다	
18	아이가 모르는 문제는 요령 있게 설명만 잘 해 주면 무난히 풀 수 있을 것이다.	아니다	보통	그렇다	
19	학교 시험은 잘 보겠지만, 경시대회에 나갈 실력이라고는 생각하지 않는다.	아니다	보통	그렇다	
20	우리 아이는 어릴때부터 수학적 감각이 있는 이공계쪽 머리라고 생각한다.	아니다	보통	그렇다	

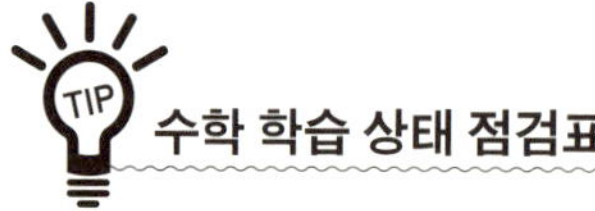

수학 학습 상태 점검표

자기 스스로 또는 부모의 도움으로 현재 자신의 수학 학습 상태를 꼼꼼하게 점검해 본다. 이 과정을 통해 자신의 현재 위치를 명확히 파악할 수 있을 것이다.

	수학 학습 상태	체크			취약점 체크
		1	2	3	
1	매일 정해진 분량의 수학 문제집을 풀고 있다.	아니다	보통	그렇다	
2	수학 학습지를 하고 있으며 숙제를 매번 모두 하는 편이다.	아니다	보통	그렇다	
3	내 아이의 수학 학습 진도를 대략적으로 알고 있다.	아니다	보통	그렇다	
4	학교 성적은 90~100점이다.	아니다	보통	그렇다	
5	내 아이는 연산에서 실수를 하지 않는다.	아니다	보통	그렇다	
6	내 아이는 수학에 재능이 있는 것 같다.	아니다	보통	그렇다	
7	자신의 학년보다 1년 이상 선행(교과 수준)되어 있다.	아니다	보통	그렇다	
8	아이가 수학을 좋아해서 스스로도 하려고 한다.	아니다	보통	그렇다	
9	아이가 수학에 흥미와 자신감을 가지고 있다.	아니다	보통	그렇다	
10	학년이 올라갈수록 설명을 해야 이해하는 문제량이 늘고 있다.	아니다	보통	그렇다	
11	내 아이는 도형과 관계된 것을 잘 이해한다.	아니다	보통	그렇다	
12	내 아이는 블록놀이를 좋아한다.	아니다	보통	그렇다	
13	내 아이는 학교에서 받아오는 점수의 차이가 매번 큰 편이다.	아니다	보통	그렇다	

	수학 학습 상태	체크			취약점 체크
		1	2	3	
14	수학은 숙제 없이 학원에서 모두 해 오기를 바란다.	아니다	보통	그렇다	
15	일찍부터 영어유치원에 다녔다.	아니다	보통	그렇다	
16	초등학교 때부터 영어 학습에 대부분의 시간을 보낸다.	아니다	보통	그렇다	
17	조숙한 편이어서 엄마의 마음을 먼저 읽는 것 같다.	아니다	보통	그렇다	
18	수학보다 영어를 좋아하는 편이다.	아니다	보통	그렇다	
19	어려서부터 일반 유치원이나 보육시설을 다녔다.	아니다	보통	그렇다	
20	책 읽기를 즐긴다.	아니다	보통	그렇다	
21	시계를 쉽게 잘 이해한다.	아니다	보통	그렇다	
22	보드게임형 수업을 1년 이상 받았다.	아니다	보통	그렇다	
23	학습지를 1년 이상 했다.	아니다	보통	그렇다	
24	자존심이 강하고 승부욕이 있다.	아니다	보통	그렇다	
25	소심한 편이다.(작은 일에도 상처 받는다.)	아니다	보통	그렇다	
26	자신이 똑똑하다고 생각한다.	아니다	보통	그렇다	
27	말을 많이 하는 편이다.	아니다	보통	그렇다	
28	자유 시간이 많은 편이다.	아니다	보통	그렇다	
29	생각도 많고 느린 편이다.	아니다	보통	그렇다	
30	그림 그리기를 좋아한다.	아니다	보통	그렇다	

부록#01

레크리에이션 수학으로 수학을 즐겁게!

레크리에이션	수학적 능력	문제의 발전	준비물
주사위 윷놀이	• 혼합계산 • 확률	• 변형 게임판 만들기 • 정다면체 및 주렴구 등의 여러 주사위 사용 • 말의 종류 변형 등으로 다양한 연산 및 확률의 확장 시도	각종 주사위, 윷놀이 활동판, 말
주사위 볼링 게임	다양한 수식 만들기	• 볼링 게임의 스트라이크, 스페어를 규칙으로 정해두어 고난위 사칙혼합 계산 시도	주사위, 숫자기록지
매지믹서	수감각과 연산 활용	• 주사위의 개수, 연산의 개수 제한 또는 특정 연산 반드시 사용할 것 등 다양한 규칙을 통한 문제의 확장 시도	주사위, 매지믹서
루미큐브	• 혼합계산 • 조합과 경우의 수	• 그룹과 연속 등의 규칙을 확장하여 다양한 조합과 경우의 수 조절 시도	루미큐브
머긴스 게임	• 다양한 혼합계산 • 수식 만들기 • 확률 및 경우의 수	• 여러 레크리에이션을 활용하여 다양한 수학적 산출물을 얻을 수 있도록 시도 가능	머긴스 다양한 활동판
탱그램	여러 다각형 탐구 (각도, 변의 길이, 넓이)	• 볼록 다각형 만들기 • 탱그램 패러독스 활용 • 유사 탱그램 만들기	탱그램
스핑크스 퍼즐	탱그램과 비교하여 다양한 다각형 탐구	• 스핑크스 퍼즐을 만들 때 자르는 횟수 탐구 • 모든 크기의 삼각형 만들기 • 볼록 다각형 만들기	스핑크스 퍼즐

레크리에이션	수학적 능력	문제의 발전	준비물
유사 탱그램	다각형 탐구	• 칠교판에 여러 도형을 추가하여 팔교판 만들기 • 여러 방법으로 유사 탱그램 만들기 시도	탱그램
블로커스, 3D블러커스	폴리오미노를 통한 밀기, 돌리기, 뒤집기의 활용	• 모양 및 알파벳, 넓이가 큰 직사각형 만들기 • k=넓이/부피가 최대인 도형 만들기 • 수학적 규칙을 통한 새로운 블러커스 게임 만들기 시도	블러커스
하노이 탑	수학적 규칙성	• 움직이는 원판, 옮겨가는 기둥의 기준을 정해 기록하면서 규칙 발견하기 • 하노이 탑의 원판을 옮기는 데 걸리는 시간을 계산하고 문제 해결하기	하노이 탑
페그퍼즐	수학적 규칙성	• 페그퍼즐의 규칙 발견하기 • 확장 게임을 통한 알고리즘 만들기	페그퍼즐, 바둑알
NIM 게임, 러시아워 게임	연산, 규칙성	• 다양한 필승 전략을 위해 수학적 해법을 적용하도록 시도	NIM 게임판
초급게임으로 활용 가능한 게임	• A4 용지를 비롯한 다양한 출력 용지의 비율 및 황금비 탐색 • 다양한 출력 용지에 그릴 수 있는 넓이가 가장 큰 정삼각형(측정) • 3, 6, 9게임 : 새로운 *, *, * 게임으로 만들기(배수 및 규칙성) • 바둑돌로 규칙성 만들기 • 박수 100번 치기 : 여러 방법으로 박수 100번 치기(약수 및 제곱수 활용)		

부록#02

즐겁게 풀어 보는 수학 문제

문제 1

어떤 해적은 A, B, C 섬 중 한 곳에 보물을 숨기고 보물을 숨긴 곳을 종이에 적어 두었다. 이때 다른 사람들을 혼란시키기 위해 거짓말을 섞어서 메모해 두었다. 다음 중 한 문장만 거짓말이라고 할 때 보물이 있는 곳을 찾고 그 이유를 적으시오.

- 보물은 A에 묻혀 있지 않다.
- A에는 보물이 없다.
- C에 보물이 있다.

대상 학년	초 4					
출제 영역	물리	화학	생물	지구과학	수학	영재성
					○	
사고 및 측정 능력	논리력, 추론력					
난이도	하					

>>정답

- 보물은 C에 있다. 이 경우 첫 번째 문장이 거짓말이 된다.
- 만약 보물이 A에 있다면 모두 거짓말이 된다.
- 만약 보물이 B에 묻혀 있다면 첫 번째, 세 번째 문장이 거짓말이 된다.

6명의 사람들이 둥근 탁자에 앉아 있다. 6명이 동시에 악수를 하되, 다른 사람의 팔과 교차하지 않도록 하는 방법이 몇 가지인지 찾으시오.

대상 학년	초 4					
출제 영역	물리	화학	생물	지구과학	수학	영재성
					○	
사고 및 측정 능력	경우의 수, 문제 이해력					
난이도	하					

>>정답

사람 A, B, C, D, E, F의 6명이 순서대로 둥글게 앉아 있다고 하면 아래와 같이 5가지밖에 없다.

① A-B C-D E-F   ② A-B C-F D-E

③ A-D B-C E-F   ④ A-F B-C D-E

⑤ A-F B-E C-D

문제 3

슈퍼에서 과일 바구니 3개를 각각 표시된 가격으로 팔고 있다. 만일 바나나, 오렌지, 사과를 모두 하나씩 사려면 얼마를 지불해야 하는가?

대상 학년	사과	오렌지	바나나	가격
창의 바구니	2	3	4	1,450
영재 바구니	4	2	3	1,300
창조 바구니	3	4	2	1,300

대상 학년	초 4					
출제 영역	물리	화학	생물	지구과학	수학	영재성
					○	
사고 및 측정 능력	계산력, 문제 이해력					
난이도	중					

>>정답

바구니 3개를 합치면 모든 과일이 9개씩이고 가격은 4,050원이다. 각 과일을 1개씩만 사려면 9로 나눠서 450원을 내면 된다. 각 과일의 가격이 사과 100원, 오렌지 150원, 바나나 200원이라고 구할 필요는 없다.

문제 4

정사면체란 정삼각형 4개로 만든 삼각뿔이다. 그림에서 주어진 정사면체의 각 면을 녹색, 빨간색, 노란색, 파란색으로 색칠했을 때 다양한 각도에서 바라본 그림이 아래와 같다. 이 중에서 다른 4개와 일치하지 않는 그림을 찾으시오.

대상 학년	초 5					
출제 영역	물리	화학	생물	지구과학	수학	영재성
					○	
사고 및 측정 능력	공간 지각 능력, 도형에 관한 이해력					
난이도	중					

마지막 그림이 다르다.

문제 5

평면나라의 사람들은 모든 세상을 2차원으로 밖에 인식하지 못한다. 즉 평면
나라 사람들의 머리 위에 누가 있어도 전혀 알지 못하고 앞뒤, 좌우밖에 모른
다. 이때 누군가가 평면나라를 통과하도록 공을 던진다면 평면나라 사람들에
게 어떻게 보일지 구체적으로 묘사해 보시오.

대상 학년	초 5					
출제 영역	물리	화학	생물	지구과학	수학	영재성
					○	
사고 및 측정 능력	공간 지각 능력, 기하학에 대한 이해, 평면의 개념					
난이도	하					

>>정답

갑자기 땅에 점이 나타나고 점이 커져서 원이 되고 어느 시점부터 작아져서 다
시 점이 되고는 사라진 것처럼 보인다. 구의 단면에 대한 묘사가 정확한지와
순서를 잘 설명하면 정답으로 인정한다.

문제 6

둥근 탁자에 2명이 번갈아 가며 동전을 놓는데 이미 놓인 동전과 겹치게 놓는
사람이 진다. 탁자의 크기에 상관없이 먼저 시작하는 사람이 무조건 이기는 방
법을 설명하시오.

대상 학년	초 4					
출제 영역	물리	화학	생물	지구과학	수학	영재성
					○	○
사고 및 측정 능력	문제 해결력, 문제 이해력, 대칭의 개념					
난이도	하					

>>정답

한가운데 중심에 먼저 놓고 그 후 상대가 놓는 곳에 대칭이 되도록 놓는다.(기준은 탁자의 중심)

문제 7

3개의 선으로는 아래 그림과 같은 삼각형 1개를 그릴 수 있고 4개의 선으로는 삼각형 4개를 그릴 수 있다. 아래 그림에 2개의 선을 더하여 삼각형을 만들어 보시오.

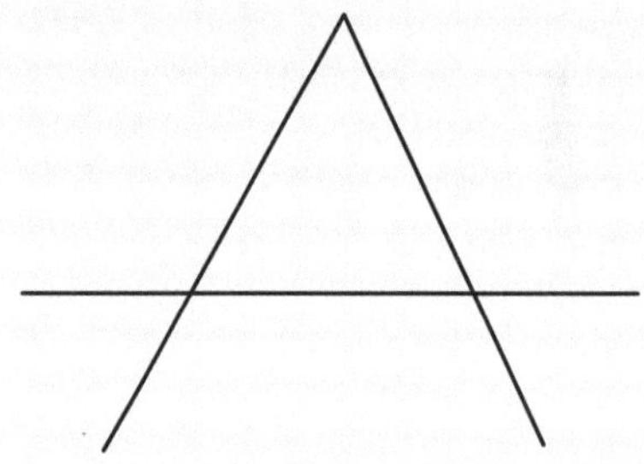

대상 학년	초 4					
출제 영역	물리	화학	생물	지구과학	수학	영재성
					○	○
사고 및 측정 능력	기하, 문제 해결력, 창의력					
난이도	상					

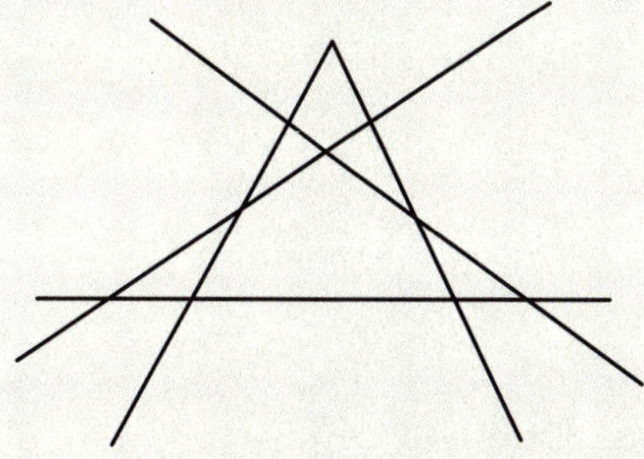

문제 8

3X4 격자 모양으로 늘어서 있는 12개의 점을 한 붓 그리기로 연결하려면 최소한 몇 개의 직선이 필요한지 쓰고 그 예시를 그리시오.

대상 학년	초 4					
출제 영역	물리	화학	생물	지구과학	수학	영재성
					○	
사고 및 측정 능력	창의성, 독창성, 문제 해결력					
난이도	중					

출발을 중앙 아래쪽 점에서 하면 된다.

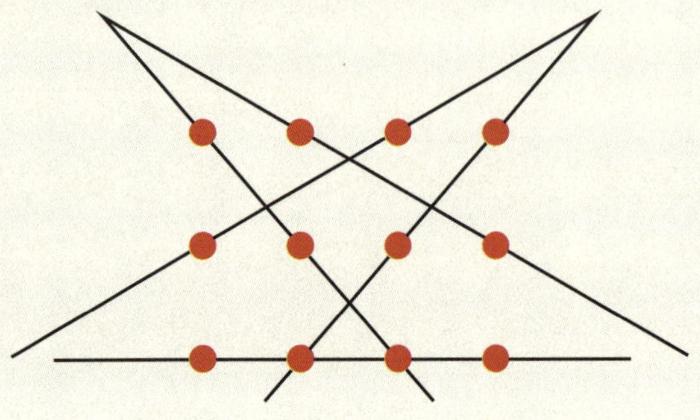

문제 9

한 평면에 세 개의 원이 있다. 이 세 개의 원에 모두 접하는 원을 몇 개까지 그
릴 수 있는지 구하시오.

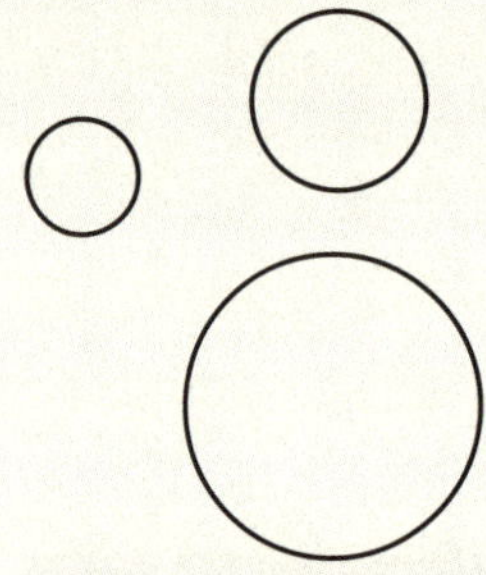

대상 학년	초 5~6					
출제 영역	물리	화학	생물	지구과학	수학	영재성
					○	
사고 및 측정 능력	기하, 원의 특징, 내접과 외접					
난이도	중					

8가지이다. 접하는 방법은 내접과 외접이 있으므로 새로 그리는 원과 기존 3개의 원 사이에는 다음의 8가지 관계가 가능하다. 원 3개는 서로 겹치는 부분이 없으므로 다른 원의 내접과 외접은 영향을 주지 않는다.

작은 원	외접	외접	외접	외접	내접	내접	내접	내접
중간 원	외접	외접	내접	내접	외접	외접	내접	내접
큰 원	외접	내접	외접	내접	외접	내접	외접	내접

문제 10

마방진은 가로, 세로의 숫자들의 합이 같도록 수가 배열된 것을 말한다. 다음의 육각형으로 이루어진 도형에 적절한 숫자를 넣어서 각 일직선의 합계가 모두 같도록 만들어라. 단 숫자는 1~19까지 모두 사용해야 한다.
(힌트 : 각 줄의 숫자의 합이 얼마인지 먼저 구하라.)

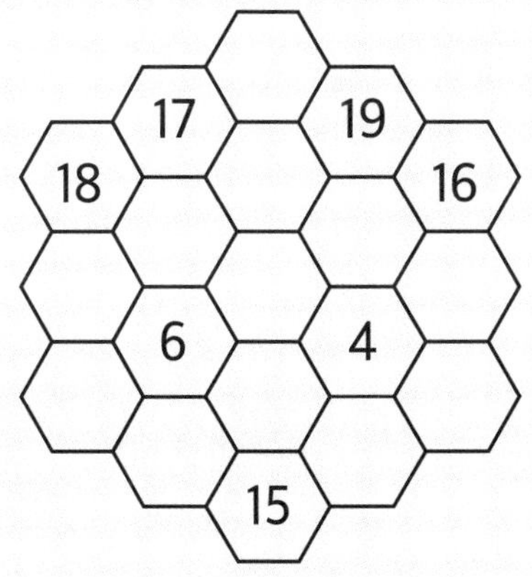

대상 학년	초 4					
출제 영역	물리	화학	생물	지구과학	수학	영재성
					○	
사고 및 측정 능력	수리 계산력, 문제 해결력					
난이도	상					

문제 11

수학자 라그랑주의 이론에 따르면 모든 자연수가 정사각형 4개 이하로 표현될 수 있다고 한다. 예를 들어 아래는 12를 정사각형 4개로 나타낸 그림이다. 한 변의 길이가 3인 정사각형 1개와 한 변의 길이가 1인 정사각형 3개의 합으로 12를 표현할 수 있다.

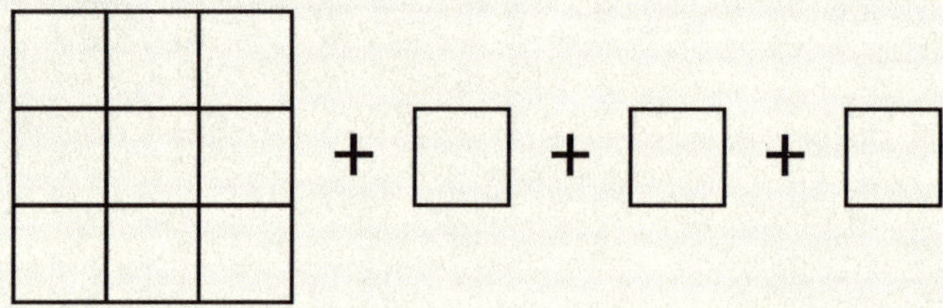

① 15를 정사각형의 합으로 표현하시오.

② 63을 정사각형의 합으로 표현하시오.

대상 학년	초 4					
출제 영역	물리	화학	생물	지구과학	수학	영재성
					○	
사고 및 측정 능력	문제 이해, 상황 파악, 대수 능력					
난이도	하					

>>정답

① 3×3+2×2+1×1+1×1

② 7×7+3×3+2×2+1×1

문제 12

창의는 신문을 보다가 임으로 한 장을 뽑아냈더니 8쪽과 21쪽이 같은 면에 놓였다. 원래 신문은 몇 쪽까지 있었을까?

대상 학년	초 4					
출제 영역	물리	화학	생물	지구과학	수학	영재성
					○	
사고 및 측정 능력	문제 이해력					
난이도	하					

>>정답

28쪽이다. 8쪽 앞에 7쪽이 더 있으므로 21쪽 뒤에도 7쪽이 더 있게 된다.

문제 13

탐구의 할아버지는 아버지가 태어나고 얼마 지나지 않아 선생님이 되었다. 할아버지가 선생님이 된 지 45년이 지난 어느 날 할아버지는 탐구에게 "내 나이를 거꾸로 적으면 너의 아버지의 나이가 된단다."라고 말했다. 할아버지와 아버지의 나이 차이가 27살일 때 탐구의 아버지와 할아버지의 나이는 각각 몇 살인지 구하시오.

대상 학년	초 4					
출제 영역	물리	화학	생물	지구과학	수학	영재성
					○	
사고 및 측정 능력	문제 이해력, 계산력					
난이도	하					

>>정답

할아버지는 74세, 아버지는 47세이다.

가능한 경우는 (52, 25), (63, 36), (74, 47), (85, 58), (96, 69)이다. 선생님이 된 지 45년이 지났기 때문에 아버지의 나이는 47세 이상이 되어야 하고 아버지가 태어나고 곧 선생님이 되었다고 했으니 가장 가까운 나이인 74, 47이 정답이다.

문제 14

비커 속에 아메바 1마리가 있는데 이 아메바는 1분 후에 둘로 갈라져 2마리가 된다. 다시 1분이 지나면 2마리가 각각 다시 분리되어 총 4마리가 된다. 비커를 가득 채우는 데 40분이 걸린다면 절반을 채우는 데 걸리는 시간을 구하시오.

대상 학년	초 4					
출제 영역	물리	화학	생물	지구과학	수학	영재성
					○	
사고 및 측정 능력	논리력, 추론력					
난이도	하					

39분이다. 1분이 지날 때마다 2배가 되므로 꽉 채우기 1분 전에는 비커의 절반 만큼의 아메바가 있다.

문제 15

카우보이 A, B, C 세 명이 대결을 하고 있다. 우선 제비뽑기로 총을 쏘는 순서를 정하고 그 순서대로 마지막 1명이 남을 때까지 1발씩 쏘기로 했다. A는 지금까지 백발백중이고 B는 80%, C는 50%의 확률로 명중을 시켰다. 가장 이길 확률이 높은 사람을 찾고 그 이유를 적으시오.

대상 학년	초 4					
출제 영역	물리	화학	생물	지구과학	수학	영재성
					○	
사고 및 측정 능력	논리력, 추론력, 창의력					
난이도	상					

>>정답

C

① 제비뽑기로 A가 먼저 쏠 경우 A는 맞출 확률이 높은 B를 쏘게 되고 B가 죽으면 C가 50% 확률로 이긴다.

② B가 먼저 쏠 경우 B는 A를 쏘게 되고 A를 맞추면 C가 B를 쏘고 50% 확률로 이긴다. 아닐 경우 (1)처럼 된다.

③ C가 먼저 쏠 경우 하늘을 향해 쏴버리면 (1), (2)처럼 되므로 승률이 50% 이상이 나온다.

즉 C는 어떤 순서로 진행되더라도 승률이 50% 이상인 반면 A나 B는 자기가 먼저 쏘지 않으면 높은 확률로 죽고 먼저 쏘더라도 50%의 확률로 C에게 죽는다.

문제 16

선거에서 A, B, C, D 4명의 후보에게 5,219표가 나왔다. 선거에서 이긴 사람은 A인데 A는 B보다 22표, C보다 30표, D보다 73표를 더 얻었다. A, B, C, D의 정확한 득표수를 각각 구하시오.

>>정답

만약 B, C, D가 A만큼 표를 얻었다면 총 득표수는 5219+22+30+73=5344일 것이다. 따라서 A의 득표수는 5344를 4로 나눠서 총 1336표이다. 이로써 B는 1314표, C는 1306표, D는 1263표를 얻은 것을 알 수 있다.

문제 17

연화, 우주, 아롱, 두리의 네 집을 색칠하려고 한다. 페인트는 노란색과 파란색이 각 2통씩 있고 집 한 채를 칠하려면 페인트 한 통이 필요하다. 각 집은 한 가지 색으로만 칠해야 한다.

① 집을 칠하는 방법의 수를 구하시오.
② 페인트를 아래 표와 같이 섞어 쓸 수도 있을 때 집을 칠하는 방법의 수를 구하시오.

노란색 1 + 파란색 1	녹색 2
파란색 2 + 노란색 1	청록색 3
파란색 1 + 노란색 2	연두색 3

대상 학년	초 6					
출제 영역	물리	화학	생물	지구과학	수학	영재성
					○	
사고 및 측정 능력	문제 해결력, 수학적 추론, 상황 분석력, 융통성					
난이도	상					

>>정답

⓵ 네 집 중에서 두 집을 먼저 파란색으로 칠하면 나머지 집은 노란색으로 칠하게 된다. 네 집 중 두 집을 파란색으로 칠하는 방법에는 6가지((12, 13, 14, 23, 24, 34)가 있다.

⓶ ① 파란색 1 + 노란색 1 : 녹색 2, 파란색 1, 노란색 1이 되므로 총 경우의 수는 12가지이다.(파란색 노란색만 칠하고 나머지에 녹색을 칠한다.)

② 파란색 2 + 노란색 1 : 청록색 3, 노란색 1이다. 노란색만 칠하면 되므로 총 경우의 수는 4가지이다.

③ 파란색 1 + 노란색 2 : 연두색 3, 파란색 1이다. 파란색만 칠하면 나머지는 연두색이므로 총 경우의 수는 4가지이다.

④ 노란색 2 + 파란색 2 : 녹색 4이다. 총 경우의 수는 1가지이다.

- 따라서 총 경우의 수는 21가지(12+4+4+1)이다.
- 문제에서 색을 섞는 부분은 그림으로 표현해도 된다. 또 집을 칠하기 위해 한 통 단위의 페인트만 사용할 수 있다면 다양한 답안이 나올 수 있다. 예를 들어 노란색 0.5에 파란색 1.5를 섞고 남은 노란색 1.5와 파란색 0.5를 섞으면 청록색과 연두색 2통씩을 얻을 수 있습니다. 이런 표현에 대해 추가 점수를 배정하는 식으로 문제를 구성할 수도 있다.

정육면체를 잘라서 나오는 단면은 모두 몇 가지 종류인가? 단 변의 개수가 같은 도형은 한 종류로 본다. 예를 들어 다음 그림에서 1번과 2번은 같은 '사각형'이므로 한 종류이다.

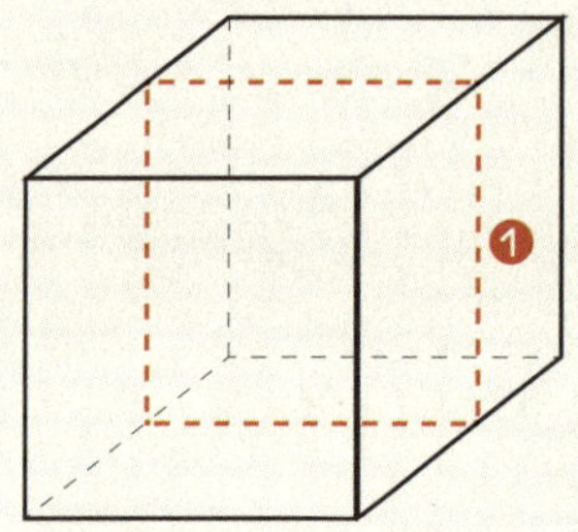
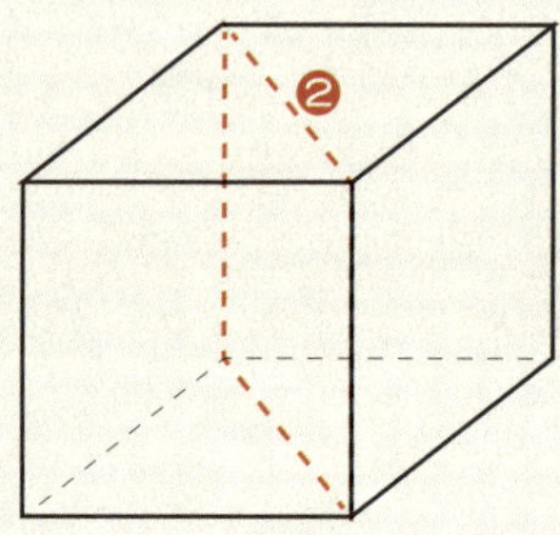

대상 학년	초 6					
출제 영역	물리	화학	생물	지구과학	수학	영재성
					○	
사고 및 측정 능력	도형의 이해, 융통성, 공간 지각 능력					
난이도	중					

>>정답

삼각형, 사각형, 오각형, 육각형

학생들이 문제를 쉽게 풀 수 있도록 문제에 빈 정육면체 그림을 제시해 주면 난이도를 다소 낮출 수 있다.

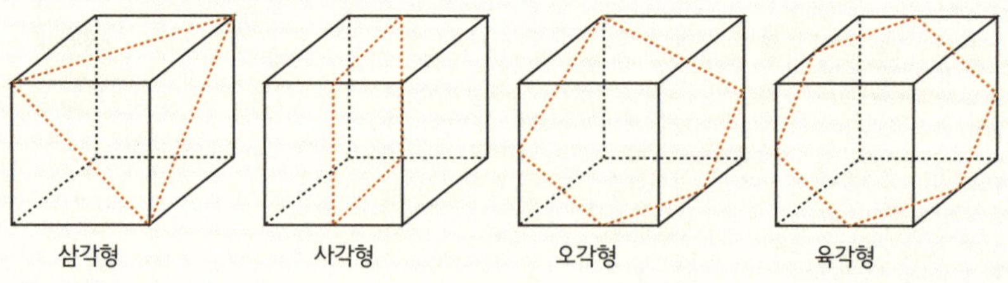

연화네 가족은 주말마다 자동차를 타고 소풍을 간다. 자동차를 타고 가려면 매번 기름을 넣어야 하는데 연화네 집 근처에는 A주유소와 B주유소가 있다. 평소에는 A주유소가 가까워서 항상 A주유소에서 1L에 2,100원짜리 기름을 3만 5천 원 어치 넣는다. 어느 날 아버지는 B주유소에서 기름을 세일해서 싸게 판다는 소식을 들었다. B주유소의 할인 가격은 1L에 2,000원이었다. A주유소는 7.5km 떨어져 있고 B주유소는 18km 떨어져 있다.(연화네 자동차는 기름 1L에 15km를 갈 수 있다.)

1️⃣ 연화네 가족이 A주유소와 B주유소에서 기름을 넣을 경우 각각 몇 L의 기름을 넣을 수 있는지 구하시오.

2️⃣ A주유소와 B 주유소를 갔다 올 때 사용하는 기름의 양을 구하시오.

3️⃣ 연화네 가족이 어느 주유소에 가서 기름을 넣는 것이 더 좋은지 찾고 그 이유를 서술하시오.

4️⃣ 연화네 가족이 매번 십만오천 원 어치의 기름을 넣는다면 어느 주유소에서 넣는 것이 더 좋은지 찾고 그 이유를 서술하시오.

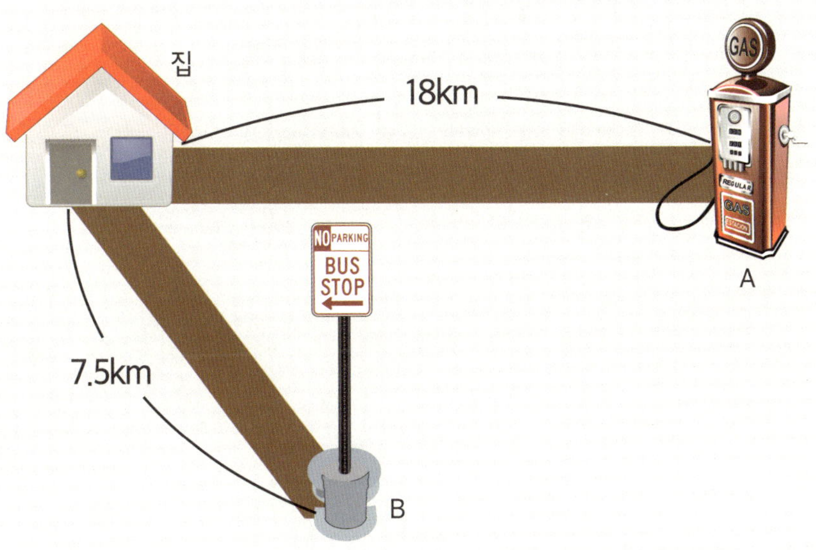

대상 학년	초 6					
출제 영역	물리	화학	생물	지구과학	수학	영재성
					○	
사고 및 측정 능력	자료의 변형 및 해석, 수학적 추론 능력, 문제 해결력					
난이도	상					

>>정답

① A주유소 : $35000 \div 2100 = \dfrac{50}{3}$L

　B주유소 : $35000 \div 2000 = 17.5$L

② A주유소 : $(7.5 \times 2) \div 15 = 1$L

　B주유소 : $(18 \times 2) \div 15 = 2.4$L

③ A주유소에 가면 $\dfrac{50}{3}$L-1L$=\dfrac{47}{3}$L$=15\dfrac{2}{3}$L의 기름이 생기고

　B주유소에 가면 17.5L-2.4L$=15.1$L가 생기므로 A주유소에 가는 것이 이득이다.

④ 105,000원 어치의 기름을 넣을 경우 A주유소는 　의 기름이 생기고

　B주유소는 　의 기름이 생기므로 B주유소가 더 이득이다.

➡실생활 응용 문제이다. 거리, 연료, 가격 간의 단위 조절을 요구하는 문제로 상황에 대한 이해력과 계산 능력이 필요하다. 난이도를 높이려면 숫자를 조절해서 '얼마 이상의 기름을 넣어야 이득인가?'라는 문제로 변경할 수 있다.

처음에 시작한 칸수가 모두 다르고 중간에 방향도 마음대로 움직였지만 한 마리의 개구리도 먹히지 않은 원리를 찾아보자.

<상황>

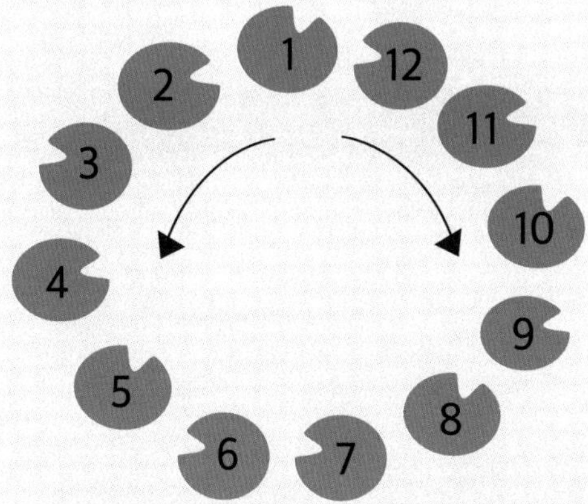

선생님 : 개구리 한 마리가 연못에 놀러왔습니다. 처음에 발판부터 시작해서 연못에 있는 연잎으로 움직여 보세요. 움직이는 칸은 3~15칸을 움직여야 합니다. 예를 들어 5칸이라면 3번 연잎으로 가면 되고 10칸이면 7번 연잎까지 가면 됩니다. 갑자기 큰 뱀이 나타나서 개구리를 먹으려고 해요. 이제 여러분은 뱀에게 잡아먹히지 않도록 움직여야 합니다. 먼저 빨간색 방향으로 처음에 움직였던 칸만큼 움직여 주세요. 이제 뱀이 연잎과 같이 개구리를 잡아먹습니다. 3, 6, 8, 11번에 있는 개구리를 먹었어요. 잡아먹힌 개구리가 있나요?

학생들 : 아니오. 아무도 안 잡혔어요.

선생님 : 이제 파란색 방향이나 빨간색 방향 등 아무 방향으로 4칸씩 움직이세요. 이번에는 뱀이 2, 7, 10, 12번 연잎과 그 위에 있는 개구리를 먹었어요. 잡아먹힌 개구리는 손들어 보세요.

학생들 : …….(아무도 없다.)

선생님 : 다행히 아직 아무도 안 잡아 먹혔네요. 이번에는 아무 방향이나 상관없이 2칸을 움직여 보세요. 다시 뱀이 4, 7번을 먹었어요. 먹힌 개구리

가 있나요?

학생들 : 다행히 안 먹혔어요. 아직 살아 있어요.

선생님 : 마지막으로 한 칸만 움직여 봅시다. 뱀은 고민하다가 9번 연잎을 공격했어요. 그러고는 너무 배가 불러서 집으로 돌아갔습니다. 여러분, 무사한가요?

학생들 : 모두 무사해요. 한 마리도 안 먹히고 끝까지 살았어요.

대상 학년	초 5					
출제 영역	물리	화학	생물	지구과학	수학	영재성
					○	○
사고 및 측정 능력	문제 해결에 필요한 조건을 찾고 다양한 데이터를 입력함으로써 원하는 패턴을 찾아나가는 능력					
난이도	상					

>>답안 예시

처음에 움직인 칸수만큼 빨간색 방향으로 움직이면 움직인 칸수에 상관없이 10번 연잎에 오게 된다. 따라서 모든 개구리가 다른 곳에 있다고 생각하지만 같은 곳에서 출발하게 된다. 그 후 3, 6, 8, 11번을 없애면 1, 2, 4, 5, 7, 9, 10, 12번이 남고 남은 연잎이 짝수장이기 때문에 10번에서 4칸을 움직이면 어느 방향으로 움직이든지 4번에 가게 된다. 마찬가지로 계속 짝수장의 연잎을 남기면서 움직이면 모든 개구리가 같은 곳에 위치하게 되므로 전부 살릴 수 있다.

문제 21

연화와 우주는 5만 원을 받고 농부 두리의 밭에 감자를 심기로 했다. 감자 심기는 먼저 감자를 밭에 내려놓는 단계와 흙을 덮는 두가지 단계로 이루어져 있다. 연화가 감자를 한 줄에 내려놓는데 걸리는 시간은 40분이고 같은 속도로 감자 위에 흙을 덮을 수 있다. 반면 우주는 단 20분 만에 감자를 한 줄에 떨어뜨릴 수 있다. 하지만 그가 흙을 두 줄 덮는 동안 연화는 세 줄을 덮을 수 있다. 두 사람이 각각 밭 전체에 감자를 다 심을 때까지 계속 일을 했고 두리의 감자밭이 12줄로 되어 있다고 가정하자. 각각 한 일에 비례해 돈을 받으려면 얼마씩 나눠야 할까?

대상 학년	초 4~5					
출제 영역	물리	화학	생물	지구과학	수학	영재성
					○	
사고 및 측정 능력	문제 분석, 문제 해결력					
난이도	중하					

>>정답

우주가 두 줄의 밭에 흙을 덮을 때 연화는 세 줄의 밭에 흙을 덮으므로 우주가 두 줄의 밭에 흙을 덮는 데 걸리는 시간은 120분이다. 따라서 우주는 한 줄의 흙을 덮는 데 60분이 걸리게 된다. 연화는 밭 한 줄에 감자를 심는 데 40+40=80분이 걸리고 우주도 밭 한 줄에 감자를 심는 데 20+60=80분이 걸린다. 결국 둘이 같은 시간 동안 일한 양이 같으므로 공평하게 2만5천 원씩 나눠 가지면 된다.

전 세계적으로 유명한 퀸은 1970년대부터 1990년대까지 활동하며 1억 장에 가까운 음반을 판매한 전설적인 록 밴드이다. 전 세계를 다니며 수없이 많은 공연을 했고 그중에서도 영국 윔블던 경기장에서 열린 콘서트는 최고의 공연으로 남아 있다. 연화의 아버지는 그 당시에 퀸의 공연을 보기 위해 표를 사서 오후 3시부터 D입구 맨 뒤에 줄을 서 있었다.

공연장에 들어가는 입구는 모두 4개이고(A~D) 관리자는 10분에 한 번씩 가장 긴 줄이 서 있는 입구 앞 사람들을 들여보내 준다. 모든 입구마다 10분에 100명씩 새로 줄을 서는데 연화의 아버지가 서 있는 D는 가장 구석이라 10분마다 30명만 줄을 선다면 연화의 아버지가 들어간 시간이 언제인지 구하시오.(단 관리자가 들여보낼 때 그 입구 앞에 있는 사람은 동시에 전부 들어가고 그 이후 온 사람은 새로 줄을 선다. 예를 들어 15시 10분에는 A 입구가 가장 사람이 많으므로 전부 들여보내고 0명이 된다.)

입구	A	B	C	D
15:00	200	150	100	50
15:10	0(300)	250	200	80

대상 학년	초 6					
출제 영역	물리	화학	생물	지구과학	수학	영재성
					○	
사고 및 측정 능력	자료 분석, 문제 이해력, 일반화 능력					
난이도	상					

입구	A	B	C	D
15:00	200	150	100	50
15:10	0(300)	250	200	80
15:20	100	0(350)	300	110
15:30	200	100	0(400)	140
15:40	0(300)	200	100	170
15:50	100	0(300)	200	200
16:00	200	100	0(300)	230

A, B, C 중에서 300명이 되는 곳부터 입장을 하므로 D가 300을 넘기면 된다. 따라서 16: 30분에 320명이 되어서 가장 사람이 많은 입구가 되므로 들어갈 수 있다.

➡문제 상황을 이해하면 표를 만들어서 해결할 수 있다. 입구의 수를 늘리면 풀이는 비슷하지만 체감 난이도가 많이 올라간다.

문제 23

우주는 친구들에게 다음과 같은 주사위 놀이를 가져왔다. 책상 위에 1, 2, 3, 4, 5, 6이 표시된 6개의 네모 칸이 있다. 친구들은 그중 마음에 드는 곳에 1천 원을 걸었고, 모두 걸고 나자 우주가 주사위 3개를 던졌다. 만약 내건 숫자의 주사위가 한 개가 나오면 우주에게서 2천 원을 받고 두 개가 나오면 3천 원을 받는다. 만약 주사위 3개가 모두 그 숫자가 나오면 4천 원을 받게 된다. 우주는 "너희가 건 숫자가 주사위 1개에서 나올 확률은 1/6이지만, 주사위가 3개 있으니 확률은 3/6, 즉 1/2이다. 따라서 게임은 공평하다."라고 말했다.

① 이 게임에서 누가 유리한지 찾고 그 이유를 설명하시오.

② 만약 게임이 공평하지 않다면 받는 돈을 어떻게 고치면 좋을지 설명하시오.

대상 학년	초 6					
출제 영역	물리	화학	생물	지구과학	수학	영재성
					○	
사고 및 측정 능력	일반화, 문제 이해, 확률과 경우의 수					
난이도	상					

>>정답

① 각 친구들이 1~6까지 모든 곳에 1천 원씩 놓았다고 하면 6천 원을 쓰고 다음과 같은 경우가 가능하다.

① 전부 다른 주사위(1, 2, 3)

6천 원(2천 원+2천 원+2천 원)을 받는다.

② 2개는 같고 하나는 다른 주사위(1, 1, 2)

5천 원(3천 원+2천 원)을 받는다.

③ 전부 같은 주사위 (1, 1, 1)

4천 원을 받는다.

➡ 즉 친구들이 6천 원을 내고 받을 수 있는 돈은 4~6천 원이므로 우주에게 유리하고 친구들에게 불리한 게임이라고 할 수 있다.

② 공평하게 하려면 ②, ③ 경우 받는 돈을 맞춰야 하므로 2개가 같을 때 4천 원을 받고 전부 같을 때 6천 원을 받으면 된다.

문제 24

연화가 우체국에 우표를 사러 갔다. 연화는 1만 원을 내면서 말했다. "100원짜리 우표를 200원짜리 우표의 10배만큼 주시고 나머지는 모두 500원짜리로 주세요." 연화가 구입한 우표는 각각 몇 장인가?

대상 학년	초 6					
출제 영역	물리	화학	생물	지구과학	수학	영재성
					○	
사고 및 측정 능력	계산의 정확성, 문제의 일반화, 수학적 추론 능력					
난이도	중					

>>정답

200원의 10배만큼 사야 하므로 100원짜리 우표는 천 원 단위로 사게 된다. 그리고 200원짜리 우표와 500원짜리 우표를 사서 거스름돈이 없으려면 100원짜리와 200원짜리 우표를 사고 500원이나 천 원 단위로 돈이 남아야 한다.

① 200원짜리 우표를 5장 살 경우
   100원짜리 50장=5,000원
   200원짜리 5장=1,000원
   500원짜리 8장=4,000원

② 200원짜리 우표를 10장 살 경우
   100원짜리 100장=10,000원
   200원짜리 10장=2,000원
   500원짜리 우표는 사기 전에 돈이 부족하다.

따라서 구입한 우표는 100원짜리 50장, 200원짜리 5장, 500원짜리 8장이다.

문제 25

① 어느 동물원에서 동물들의 경주가 열렸다. 하마, 코뿔소, 기린이 경주를 벌이고 있는데, 하마는 3번 경주를 할 경우 2번 지고 1번을 이기며, 코뿔소는 5번 경주를 할 경우 3번을 지고 2번을 이긴다고 한다. 다른 조건이 동등할 때 기린은 몇 번의 경주에서 몇 번 지고 몇 번 이길 수 있는지 구하시오.

② 2km 달리기 시합을 했을 때 기린이 코뿔소를 1/2km 차이로 이길 수 있고, 코뿔소가 하마를 1/2km 차이로 이길 수 있다면, 기린은 하마를 몇 km 차이로 이길 수 있는지 구하시오.

>>정답

① 하마는 1/3, 코뿔소는 2/5를 이기므로 기린이 이길 확률은 1-1/3-2/5=4/15 이다.

② 기린이 2km를 갈 때 코뿔소는 1.5km를 간다.(4 : 3)

코뿔소가 2km 갈 때 하마는 1.5m를 간다.(4 : 3)

따라서 기린 : (코뿔소) : 하마는 16 : (12) : 9의 속도 비를 가진다.

기린이 2km를 갈 때 하마는 9/8km를 가고 기린은 7/8km만큼의 차이로 이길 수 있다.

문제 26

초등학교에서 아이들에게 곱셈을 가르치면서 2끼리는 덧셈을 해도 곱셈을 해도 같은 값이 나온다는 신기한 사실을 가르치고 있다. 2가 아닌 수 중에서 더하거나 곱해도 같은 수가 나오는 수를 두 쌍 구하시오.

(힌트 : 두수는 자연수가 아니라 분수가 될 수도 있으며 실제로는 무수히 많은 쌍이 있다.)

$$2+2=4, \quad 2 \times 2 = 4$$
$$A+B=X, \quad A \times B = X$$

>>정답

A+B=AB

$$B = \frac{A}{A-1}$$

이 식을 만족하는 수는 모두 가능하다.
한 수를 자연수로 두고 나머지 한 수를 찾아가면 쉽게 찾을 수 있다.

문제 27

사목마을에 넓은 땅을 가진 부자가 있었다. 그 부자는 아래와 같이 면적이 8X8
인 땅이 있고 ☆이 그려진 위치에는 오래된 참나무가 각각 한그루씩 있다. 부
자는 죽으면서 4명의 아들에게 다음과 같은 유언을 남겼다. "땅을 똑같이 네
구역으로 나누어 가지되, 이 땅의 명물인 오래된 참나무 네 그루의 위치로 각
각의 구역을 표시하도록 해라." 아들이 공평하게 나무 4그루와 땅을 나눌 방법
을 생각해 보시오. (단 모든 아들은 나무를 한 그루씩 가져야 하고 자신의 땅은
꼭 이어져 있어야 한다.)

			★				
			★				
			★				
			★				

>>정답
같은 모양이 아니고 공평하게 16칸씩 나누면 부분 점수를 줄 수 있다.

1	1	1	1★	1	1	1	4
2	2	2	2★	2	2	1	4
2	3	3	3★	3	2	1	4
2	3	4	4★	3	2	1	4
2	3	4	1	2	2	1	4
2	3	4	1	1	1	1	4
2	3	4	4	4	4	4	4
2	3	3	3	3	3	3	3

문제 28

다이아몬드, 사파이어, 에메랄드, 루비, 진주 각각 하나씩을 실에 연결해서 팔찌를 만들려고 한다. 몇 가지 종류를 만들 수 있는지 구하시오. (단, 팔찌는 앞뒤가 없다는 점을 고려해야 한다.)

>>정답

다이아몬드를 기준으로 사파이어 에메랄드 루비 진주를 나열하는 방법은 24가지(4x3x2x1)이지만 뒤집으면 같은 배열이 되므로 12가지가 정답이다.

다음 두 원은 반지름의 비가 1 : 3이다. 노란 원이 파란 원 둘레를 돌 때 몇 번을 회전해야 다시 출발점으로 돌아오는지 찾으시오.

>>정답

4회전의 원 둘레가 3배이므로 3회전이라고 착각하기 쉽지만 작은 원은 큰 원 둘레를 돌기 때문에 '1회전'을 더 하게 된다. '회전'은 360도를 한 바퀴 도는 것이다.

100원짜리 2개가 있는데 오른쪽 동전은 고정되어 있고 왼쪽 동전을 오른쪽 동전에 붙이고 돌릴 때 반 바퀴와 한 바퀴를 돌릴 때 한국은행 글자가 동전의 어느 방향에 있을지 설명하시오.(위, 아래, 좌, 우)

>>정답

아래쪽이다. 둘 다 한국은행 글씨는 처음과 같이 아래쪽을 향한다. 반 바퀴 돌 경우 뒤집어 질 것으로 예상되지만 자체 회전과 동전 반 바퀴를 돌면서 회전하는 것이 합쳐져 한 바퀴를 돌게 된다.

문제 31

감옥에서 죄수 3명에 대한 형벌을 정하고 있었다. 이때 간수는 죄수들에게 자기 머리 위에 있는 모자의 색을 맞추면 풀어 주고 틀리면 사형을 시키겠다고 제안했다. 모자는 흰색 3개와 파란색 2개이고 각 죄수는 다른 죄수의 모자는 볼 수 있지만 자신의 모자색은 알 수 없다. 3명은 한참 동안 서로의 모자를 보며 생각했지만 쉽게 대답할 수 없었다. 첫 번째 죄수가 대답했다. "잘 모르겠습니다." 두 번째 죄수도 대답했다. "잘 모르겠습니다." 그때 마지막 죄수가 "저는 알 것 같습니다. 제 모자는 흰색입니다."라고 대답했다. 마지막 죄수가 어떻게 모자 색을 맞췄는지 설명하시오.

>>정답

3명 중 2명의 모자가 파란색인 경우 나머지 한 명에 해당되는 사람은 자신의 모자가 흰색임을 알 수 있다. 첫 번째 사람이 모르겠다고 대답했으므로 2, 3번 모자가 모두 파란색일 수 없고 2번이 3번을 봤을 때 만약 파란색이라면 자신의 모자가 흰색인 것을 알았겠지만 모른다고 대답했기 때문에 3번은 자신의 모자가 흰색이라는 것을 알 수 있었다.

문제 32

우리는 무거운 물건을 옮길 때 바퀴가 달린 물건을 이용해서 쉽게 이동 시킬 수 있다. 가장 원시적인 바퀴는 통나무위에 무거운 물건을 올려두고 통나무를 굴리는 형태였다. 둘레가 1m인 통나무 위에 넓은 돌을 올려두고 통나무를 2바퀴 돌렸다. 통나무는 얼마나 움직였을까?

>>정답

통나무가 바닥을 2바퀴 굴러가면서 2m를 이동하고 통나무 위의 돌도 통나무에서 밀려나면서 통나무보다 2m를 이동하므로 결국 지면 기준으로 4m를 이동하게 된다.

문제 33

5명이 사과 5개를 따는데 5초가 걸린다. 1분에 사과 60개를 따기 위해서 필요한 사람을 구하시오.

>>정답

5명이 사과하나 따는 데 1초가 걸리므로 1분(60초) 동안 60개를 딸 수 있다.

기원전 225년에 그리스의 학자 아폴로니우스는 '원뿔곡선론'을 통해 원뿔을 잘라서 다양한 곡선을 얻을 수 있다고 했다. 다음 원뿔을 잘라서 얻을 수 있는 곡선을 그리시오.

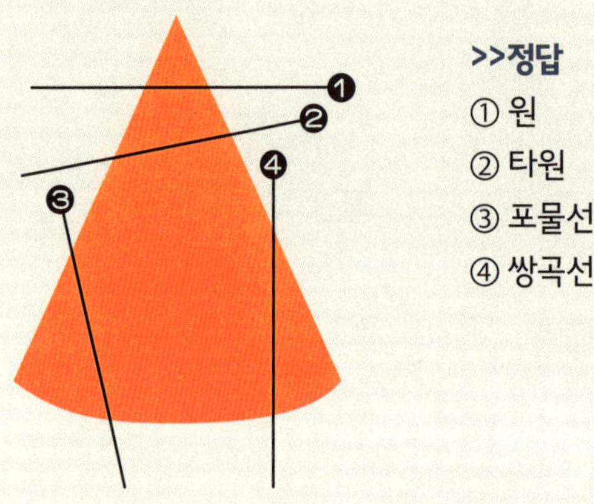

>>정답

① 원

② 타원

③ 포물선

④ 쌍곡선

다음 성냥개비를 정해진 개수만 옮겨서 정사각형 2개를 만들어 보시오.

① 2개만 이동

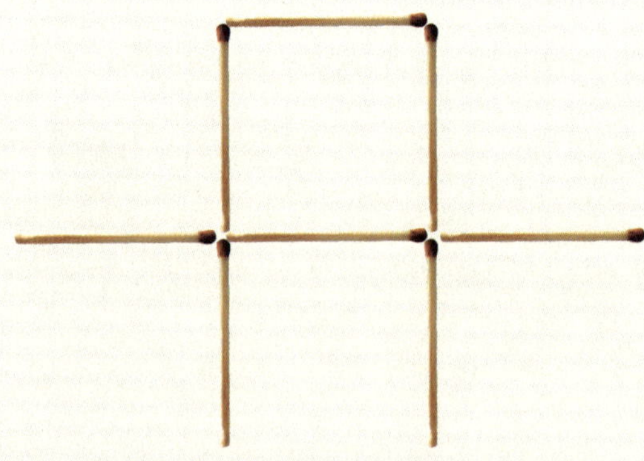

② 3개만 이동

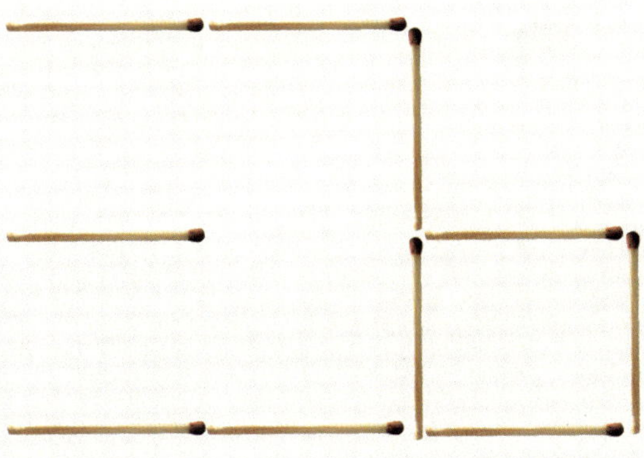

③ 4개만 이동

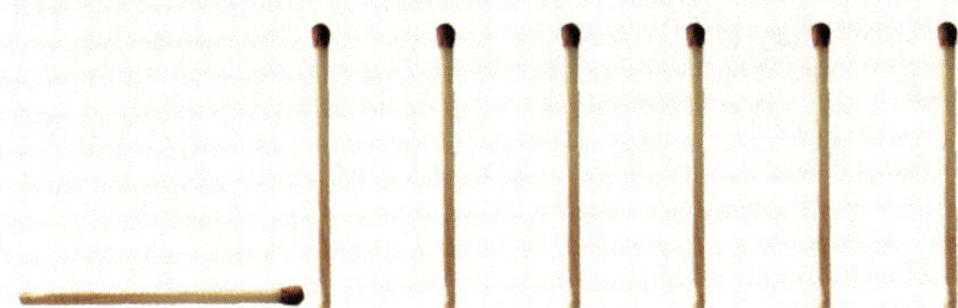

>>정답

① 2개만 이동

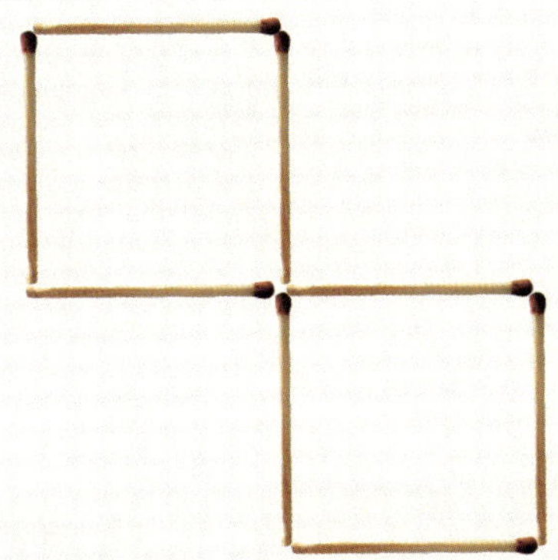

② 3개만 이동

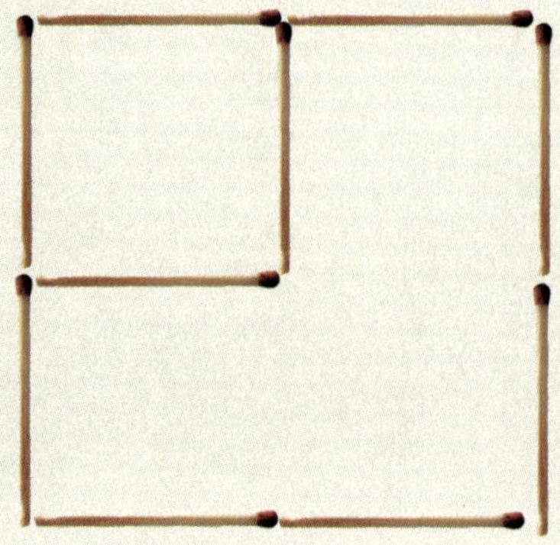

③ 4개만 이동

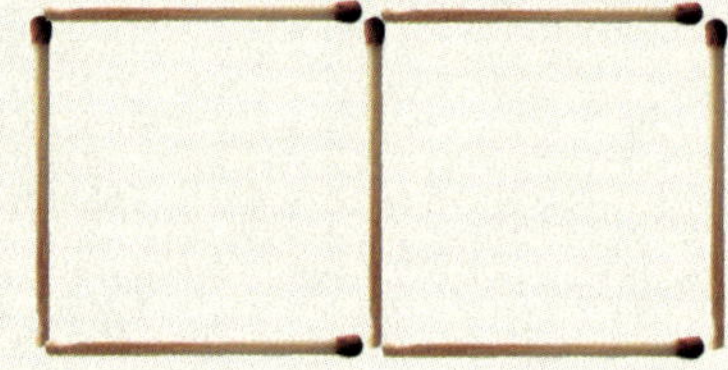

똑같은 정사각형 모양의 색종이 14개를 서로 겹쳐서 직사각형 형태로 만들었
다. 정사각형이 놓인 순서를 제일 위에서부터 순서대로 쓰시오.(가장 위의 색
종이가 먼저 오도록 하라.)

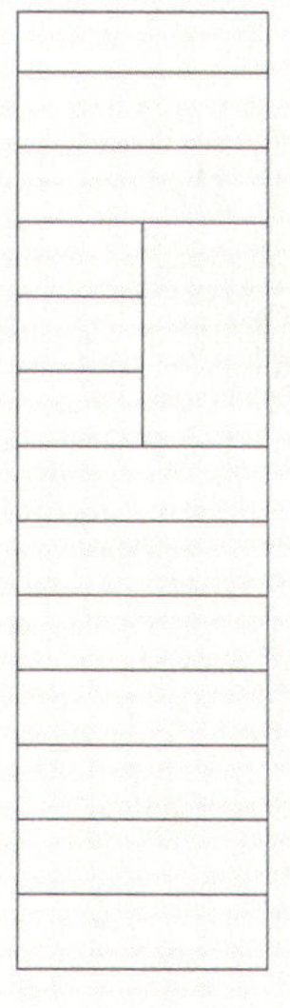

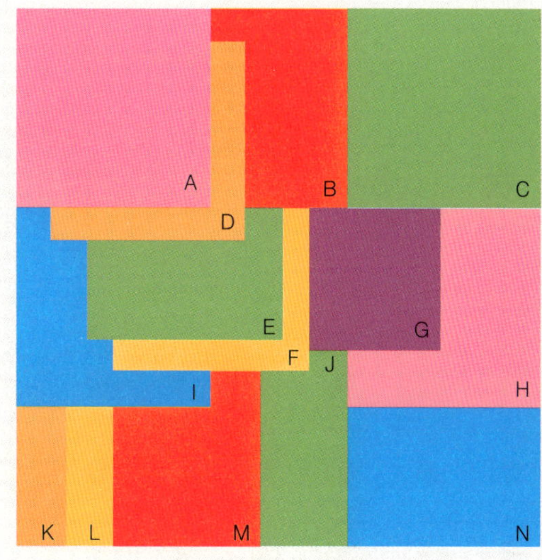

>>정답

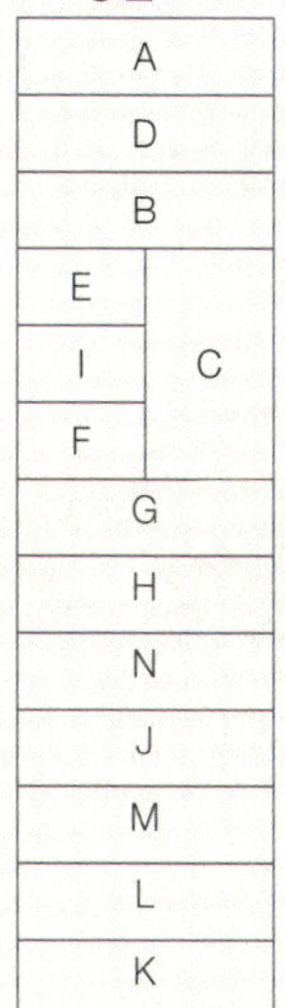

아래 그림 안 4개의 점을 모두 연결시키거나 일부만 연결시키는 모든 방법을 찾으시오.(단 ①, ②처럼 회전이나 대칭으로 겹쳐지는 형태는 같은 방법으로 본다.)

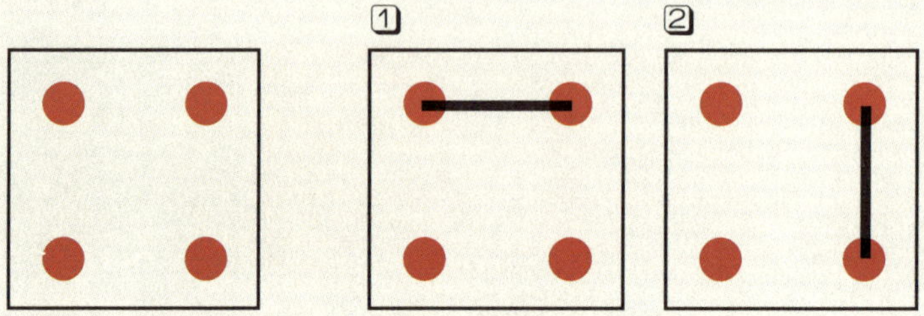

>>정답

참고문헌

1. 김영민, 노석구, 박종윤, 박현주, 백윤수, 이주연, 정진수, 최유현, 한혜숙, <우리나라 STEAM 교육의 방향 학습자 중심 교과 교육 연구>, 2011
2. 김진수, <STEAM 교육론>, 2012
3. 오현석, <국내 주요 30개 대학의 미래인재의 역량>, 2012
4. 한국정보화진흥원, <미래사회 5대 특징과 준비 과제>, 2009
5. 한국정보화진흥원, <변화하는 미래, 새로운 인재>, 2010
6. 한국정보화진흥원, <미래사회 특징과 동향 및 주목할 만한 가치>, 2011